Thomas Einsingbach

PNF in Orthopädie und Traumatologie

FACHBUCHREIHE KRANKENGYMNASTIK
Physikalische Therapie – Prävention – Rehabilitation
Herausgeberin: Anneliese tum Suden-Weickmann

Thomas Einsingbach

PNF in Orthopädie und Traumatologie

auf der Grundlage der Trainingslehre

Pflaum Verlag München

Der Autor

Thomas Einsingbach ist seit 10 Jahren in der Orthopädie, Unfallnachbehandlung und Sportrehabilitation als Krankengymnast tätig. 1983 PNF-Lehrgang am Kaiser-Foundation-Rehabilitation-Center in Vallejo/California. 1987 Gründung der Medika-Karlsruhe, einer auf die Rehabilitation von Unfallpatienten spezialisierten Praxis. Umfangreiche Lehrtätigkeit im Bereich der berufsspezifischen Fortbildung der Krankengymnasten mit Schwerpunkten PNF in Orthopädie und Unfallnachbehandlung und modifizierte Trainingslehre in der krankengymnastischen Behandlung dieser Patienten.

CIP-Kurztitelaufnahme der Deutschen Bibliothek
Einsingbach, Thomas:
PNF in Orthopädie und Traumatologie auf d. Grundlage d. Trainingslehre /
Thomas Einsingbach. – München: Pflaum, 1988
(Fachbuchreihe Krankengymnastik)

ISBN 3-7905-0532-3

Satz und Verarbeitung: F. Pustet, Regensburg
Druck: Pflaum, München

Inhalt

Geleitwort

Die modernen Osteosynthesetechniken in Traumatologie und Orthopädie haben in den letzten 20 Jahren zunehmend die Möglichkeit zur sofort postoperativ einsetzenden funktionellen Behandlung eröffnet. Die Krankengymnastik hat damit in diesen Fachbereichen immer mehr an Bedeutung gewonnen, sie ist heute allgemein anerkannter und wesentlicher Faktor des Therapiekonzeptes. Dabei hat sich neben den schon früher bekannten Techniken vor allem im letzten Jahrzehnt eine Methode durchgesetzt, die heute zu den wichtigsten und effizientesten Behandlungsformen zählt, die Methode der Propriozeptiven Neuromuskulären Fazilitation (PNF). Sie nützt physiologisch angelegte komplexe Bewegungsmuster zur Verbesserung der koordinativen Fähigkeiten des Patienten, bewirkt aber auch eine Steigerung allgemeiner Qualitäten wie Flexibilität, Kraft und Ausdauer. Damit ist dieses Verfahren einerseits eine im modernen Sinne »ganzheitliche Methode«, andererseits stellt es aber auch entsprechend hohe Ansprüche an die Kenntnisse und Fähigkeiten des Behandlers.
Das vorliegende Büchlein basiert auf einer reichhaltigen Erfahrung des Autors mit einem vielseitigen Patientenkreis aus Orthopädie und Traumatologie. Es vermittelt die praktische Anwendbarkeit der PNF in einer Weise, die jeden in der Krankengymnastik Lernenden, aber auch den auf diesem Gebiet Erfahrenen und Lehrenden, ansprechen muß und ihm Anregung oder Bestätigung bringen wird. Ich bin sicher, daß auch jeder an der Krankengymnastik interessierte Arzt das Buch mit Gewinn lesen und benützen kann, dient es doch der Veranschaulichung einer Methode, deren Anwendung auf traumatologisch-orthopädischem Gebiet vor

allem in der Nachbehandlung von Operationen eine echte Bereicherung seiner Therapie darstellt.
Ich wünsche dem Buch die ihm gebührende weite Verbreitung.

Prof. Dr. U. Pfister
Direktor der Unfallchirurg. Abt. des Städt. Klinikums Karlsruhe

Vorwort

Die Propriozeptive Neuromuskuläre Fazilitation (PNF) gehört zu den wesentlichen und effektivsten Behandlungsmethoden in der Krankengymnastik. Dieses Buch stellt die Bedeutung von PNF in der krankengymnastischen Behandlung orthopädischer und unfallverletzter Patienten dar. Im Zentrum stehen dabei die speziell für Traumatologie und Orthopädie veränderten Standardmuster und Grifftechniken. Aber auch der komplexe Zusammenhang von PNF-Übungen und einem Behandlungskonzept, das auf der modifizierten Trainingslehre basiert, wird dargestellt. In der Synthese von funktionellen, praxisbezogenen Übungen und dem systematischen Behandlungsplan, der sich in der sinnvollen Kombination der Reizparameter (Reizintensität, -dauer, -pause und Reizhäufigkeit) ausdrückt, liegt der Erfolg der Krankengymnastik in der Orthopädie und Traumatologie.

Vielen Dank an alle, die bei den Arbeiten an diesem Buch beteiligt waren: Hans-Jürgen Müller, Kai Lehmacher, Sylvia Meinzer, Ruth Kment-Lowinger. Ein besonderer Dank gilt Frau tum Suden-Weickmann für redaktionelle Hilfe und motivierende Begleitung bei der Manuskripterstellung.

Karlsruhe, im Sommer 1988 *Thomas Einsingbach*

TEIL I

Geschichte und Entwicklung der Propriozeptiven Neuromuskulären Fazilitation

Die Methode der Propriozeptiven Neuromuskulären Fazilitation (PNF) wurde in den Jahren 1946 bis 1951 von den Krankengymnastinnen Margaret *Knott* und Dorothy *Voss* in Zusammenarbeit mit Dr. Herman *Kabat* in den USA entwickelt. Das Zentrum dieser in erster Linie auf Empirik beruhenden krankengymnastischen Behandlungsmethode war das Kaiser-Foundation-Rehabilitation-Center in Vallejo, etwa 50 km von San Francisco an der San Pablo Bay gelegen.

Ursprünglich beschäftigten sich die Begründer der PNF-Methode fast ausnahmslos mit Patienten, deren neuromuskuläres System durch die unterschiedlichsten Krankheiten gestört war. Die spezielle Problematik vor allem der Poliomyelitis und später auch der Hemiplegie, der Multiplen Sklerose, der Ataxie, von Querschnittlähmungen und anderer neurologischer Krankheitsbilder, beeinflußte wesentlich die Entstehung und Entwicklung der PNF-Methode.

In den Jahren bis 1951 wurde das gesamte theoretische und praktische Grundkonzept der PNF-Methode erarbeitet. Die Bewegungsmuster und Bewegungskombinationen wurden analysiert, die Behandlungstechniken erprobt und beschrieben. Der unermüdlichen Pionierin Margaret *Knott* ist es zu verdanken, daß PNF zu einer weltweit bekannten und akzeptierten Behandlungsmethode wurde, die im Spektrum der modernen Krankengymnastik einen wichtigen Platz einnimmt. Mitte der 60er Jahre und zuneh-

mend in den 70er Jahren versuchten zunächst amerikanische Krankengymnasten die vor allem empirisch gewonnenen Erkenntnisse über die Wirkung der PNF-Methode durch wissenschaftliche Untersuchungen zu bestätigen. D. *Voss,* die Gruppe um P. *Sullivan,* aber auch S. *Adler,* P. *Davis* und L. *LaPitz* untermauerten Margaret *Knotts* Grundkonzept durch ihre Arbeiten.
Als positiv ist der Trend der jüngsten Vergangenheit zu werten, auch andere Behandlungsmethoden, die sich vom theoretischen und praktischen Aufbau dem PNF annähren bzw. sich in der Arbeit mit den Patienten ergänzen, mit den Ideen der PNF zu verknüpfen.

Theoretische Konzeption von Dr. Herman Kabat und Margaret Knott

Die speziellen PNF-Übungsmuster wurden nach der Regel konzipiert, die besagt, daß die menschliche Motorik nie in isolierten Muskelkontraktionen, sondern immer in komplexen, dreidimensionalen Bewegungen abläuft. Der Wert der Arbeiten von *Kabat* und *Knott* liegt darin, daß Bewegungsabläufe gefunden und definiert wurden, die dieses Prinzip der synergistischen Agonistenkette berücksichtigen. Die Existenz einer synergistischen Agonistenkette gewährleistet das Weiterlaufen von Innervationsreizen, was in der PNF-Nomenklatur mit positiver Irradiation oder Overflow bezeichnet wird. In der Praxis bedeutet dies, daß sich Innervationsreize, die zunächst auf gesunde, normotrophe Muskulatur gesetzt werden, auf schwache, atrophe bzw. sogar neuromuskulär gestörte Anteile der synergistischen Agonistenketten übertragen können. Nach der Logik der Propriozeptiven Neuromukulären Fazilitation stellt das agonistische Bewegungsmuster die optimale Dehnung der jeweiligen antagonistischen Synergistengruppe dar.

Das Behandlungskonzept der PNF-Methode sieht die sinnvolle Kombination von komplexen, dreidimensionalen Muskelaktionen (PNF-Mustern) und den spezifischen Behandlungstechniken (PNF-Techniken) vor. Die Behandlungstechniken haben stimulierende und kontrollierende Wirkung. Sie sollen zur Bahnung (Fazilitation) des geübten Musters beitragen. Primär führt die Anwendung dieser Behandlungstechniken zur Verbesserung von koordinativen

Fähigkeiten. Bei Berücksichtigung der Richtlinien und Prinzipien der Physiologie und Trainingslehre lassen sich PNF-Muster und PNF-Behandlungstechniken aber auch zur Stabilisation und Steigerung von Kraft-, Flexibilitäts- und Ausdauerqualitäten einsetzen.

Die Bedeutung der PNF-Methode bezüglich der konditionellen Grundeigenschaften

Betrachten wir einen orthopädischen oder unfallgeschädigten Patienten ohne neurologischen Befund aus dem Blickwinkel der Arbeitsphysiologie und der Trainingslehre, so stellen wir im Regelfall Defizite im Bereich der konditionellen Grundeigenschaften fest. Unser krankengymnastischer Befund und dessen Analyse wird zeigen, welche der konditionellen Grundeigenschaften
- Koordination,
- Flexibilität,
- Kraft,
- Ausdauer,
- Schnelligkeit betroffen sind, und in welcher Reihenfolge und Akzentuierung die einzelnen Grundeigenschaften verbessert werden müssen (Abb. I).

Im Gesamtkonzept der krankengymnastischen Behandlungsmethoden, die in der Orthopädie und Traumatologie zur Anwendung kommen, nimmt PNF eine wichtige Rolle ein. Nach unseren Vorstellungen von moderner Krankengymnastik haben aber weder die PNF-Muster noch die PNF-Behandlungstechniken isoliert gesehen einen Sinn. Erst in der sinnvollen Kombination mit den Prinzipien der Trainingslehre trägt die PNF-Methode zur Optimierung der Behandlung bei.

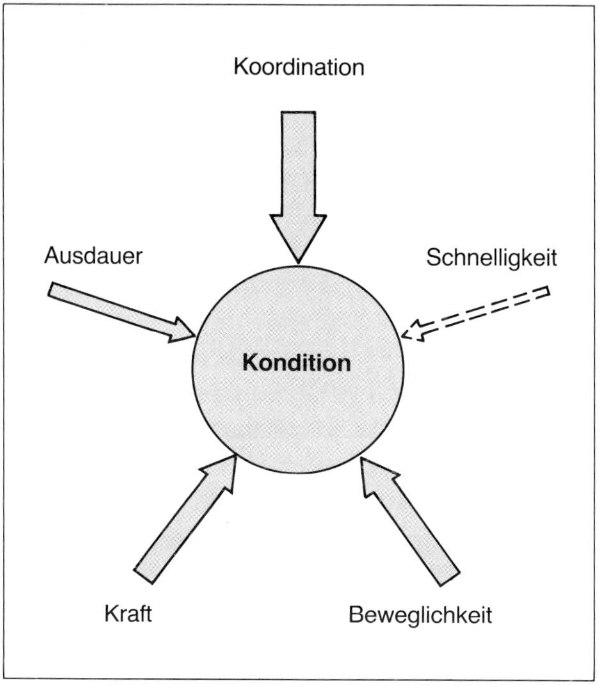

Abb. I: Die konditionellen Grundeigenschaften und ihre Bedeutung für die Kondition orthopädischer und unfallverletzter Patienten. Die primäre konditionelle Grundeigenschaft ist die Koordination. Die Relevanz von Kraft und Beweglichkeit hängt vom Einzelfall und der aktuellen Entwicklungsstufe des Patienten ab. Die (kardiopulmonale) Ausdauer wird erst am Ende der Rehabilitation gezielt geübt. Die Entwicklung der Schnelligkeit ist im Rahmen der krankengymnastischen Rehabilitation ohne Bedeutung.
Aus »Sportphysiotherapie und Rehabilitation« (Einsingbach, Klümper, Biedermann, Thieme Verlag 1988.

PNF und Koordination

Koordination ist das Zusammenwirken des Zentralnervensystems und der Skelettmuskulatur innerhalb eines gezielten Bewegungsablaufes. Wertet man die bisher zum Thema PNF veröffentlichten Publikationen aus und vergleicht die Ergebnisse mit den Richtlinien und Prinzipien der arbeitsphysiologisch definierten Koordinationsschulung und des sportlichen Techniktrainings, so stellt man erstaunliche Parallelitäten fest. Das Problem besteht aus Sicht der Krankengymnasten darin, daß die Sprachbarriere zwischen der wissenschaftlich fundierten, theoretischen Ausdrucksweise der Arbeitsphysiologen und Trainingswissenschaftler und den sich an eher praktischen Erfahrungswerten orientierten, oft etwas ungenauen Beschreibungen und Bezeichnungen der Krankengymnasten einen Transfer von Erkenntnissen erschwert.

Auch die Trainingslehre kennt den Ausdruck der Bahnung (Fazilitation). Koordinationsschulung führt zur Automatisierung eines genau definierten Bewegungsmusters, wobei es zunächst gleichgültig ist, ob es sich um das PNF-Armpattern Flexion/Abduktion/Außenrotation oder um die flüssig koordinierte Überwindung einer Hürde im 3000 m-Hindernislauf handelt.

Koordinationstraining führt zu funktionellen Adaptationen im Bereich der Synapsen der motorischen Vorderhornzellen, was sich u. a. auch in der Reduzierung der synaptischen Verzögerungszeit äußert. Die Automatisierung eines Bewegungsmusters verringert die *negative* Irradiation im Bereich des Gyrus präcentralis, die bei ungewohnten, neuen Bewegungsversuchen häufig zu nicht gewollter Mit-Innervation von Muskulatur führt. Die negative Irradiation ist streng von der therapeutisch gewünschten positiven Irradiation (Overflow) zu trennen. Die negative Irradiation beschreibt die Ausbreitung von Innervationsreizen auf Muskulatur, die normalerweise an dem ausgeführten Bewegungsmuster nicht beteiligt ist und die Umsetzung des Bewegungsauftrages oftmals sogar erschwert.

Die Automatisierung von Bewegungsmustern durch Koordinationstraining führt zu einer Verringerung der zentralnervösen Ermüdung und zu einer Reduzierung der Energieverluste, bedingt durch die negative Irradiation. Schon hier lassen sich Ähnlichkeiten von Koordinationstraining und Kraftausdauertraining erkennen.

Bei der Betrachtung der theoretischen Struktur der Koordination stößt man auf verschiedene Aktionssysteme der Skelettmuskulatur. Sowohl die Interaktion zwischen den Systemen als auch die Koordination innerhalb des einzelnen Systems bestimmen die Qualität der Bewegungsausführung.

Die intramuskuläre Koordination bezieht sich auf das koordinierte, auf die aktuellen Anforderungen genau abgestimmte Innervieren und Rekrutieren von motorischen Einheiten innerhalb eines Muskels. Bedenkt man die Tatsache, daß beispielsweise der M. biceps brachii rund 1 Million motorischer Einheiten besitzt, wird die Bedeutung der intramuskulären Koordination klar.

Unter der intermuskulären Koordination I verstehen wir das Timing innerhalb einer funktionellen Agonistenkette eines Bewegungsmusters. Die intermuskuläre Koordination II ist das Timing zwischen den Agonisten einer aktiven Muskelkette und den jeweiligen Antagonisten. Der Begriff *Timing* umschreibt das Koordinieren des Aktionsablaufes innerhalb eines Bewegungsmusters, was sich zum Beispiel im Bewegungstempo der verschiedenen Hebel der bewegten Gliedmaße zueinander äußert.

Damit die funktionellen Bewegungsmuster und die Behandlungstechniken der Propriozeptiven Neuromuskulären Fazilitation zu einem effizienten Koordinationstraining für orthopädische und unfallverletzte Patienten werden, müssen die Prinzipien des Koordinationstrainings beachtet werden:

Erster Grundsatz ist die Beschränkung auf das Wesentliche. Nicht die Vielzahl der innerhalb einer Behandlungseinheit durchgeführten Übungen ist entscheidend, sondern die Qualität der Ausführung der für den Patienten wirklich wichtigen Bewegungsmuster.

- Die Zahl der Übungswiederholungen ist hoch und richtet sich nach der Behandlungsregion.

- Die Belastungsintensität ist gering. Die Höhe des Widerstandes sollte ⅓ der Maximalkraft des Patienten nicht überschreiten, damit durch laktatfreies Arbeiten längeres Üben mit vielen Repetitionen möglich ist.
- Koordinationstraining wird im Regelfall mit zügig, rhythmischer dynamischer Muskelarbeit durchgeführt. Nur in wenigen Ausnahmesituationen können bestimmte statische Übungen den Charakter von koordinativ stimulierenden Hilfen annehmen.
- Koordinationstraining wird immer ausgeruht und konzentriert absolviert. Bei einsetzender Ermüdung müssen Pausen eingelegt werden oder muß die Behandlung abgebrochen werden, da unkoordiniertes Weiterüben zur Stabilisation von unsauberen Automatismen führt.

Zur Frage ob die Effektivität von Koordinationstraining nachweisbar ist, verweisen wir auf Untersuchungen von *Hollmann* und *Hettinger,* die mit EMG-Messungen eine objektive Verbesserung der Koordination der Hand, bezogen auf ein bestimmtes Bewegungsmuster, feststellten. Die besten Ergebnisse erzielte die Probandengruppe (gesunde Sportstudenten), die über einen Zeitraum von 6 Wochen ein definiertes Handmuster 150 mal täglich übten. Die spezifische Koordination der übenden Hand nahm um 35 bis 40%, die Koordination der nicht übenden Hand um 15 bis 20% zu, so daß bezüglich des Koordinationstrainings auch der kontralaterale Transfer belegt ist.

Bei der Analyse dieser und ähnlicher Untersuchungen muß berücksichtigt werden, daß bei verletzten oder behinderten Patienten, bei älteren Menschen oder aber bei Bewegungsmustern in »koordinativ schwer zugänglichen Regionen« (Lendenwirbelsäule-Becken, Brustwirbelsäule-Schulterblatt, Unterschenkel-Fuß) wesentlich mehr Wiederholungen und längere Zeiträume des Übens notwendig sind, um ähnliche Verbesserungen zu erreichen.

Um in der Krankengymnastik die Koordination von orthopädischen und unfallverletzten Patienten nachhaltig zu verbessern, ist

die Anwendung von Behandlungsmethoden indiziert, deren komplexe Übungssysteme Anforderungen an die inter- und intramuskuläre Koordination stellen, und die nach den erwähnten Prinzipien des Koordinations- und Techniktrainings durchgeführt werden. Nur mit diesem Verfahren ist eine Fazilitation und Automatisierung der therapeutisch gewollten Bewegungsmuster möglich.
Die Methode der Propriozeptiven Neuromuskulären Fazilitation erfüllt die Anforderungen, die ein Koordinationstraining stellt. Neben PNF-Mustern werden ggf. auch andere funktionelle, praxisnahe Bewegungsabläufe als Übungen eingesetzt. Das oberste Prinzip ist immer der tatsächliche praktische Nutzen der eingesetzten Bewegungsmuster für den Patienten.

PNF und Kraft

Kraft wird definiert als die Fähigkeit, eine Masse zu bewegen, einen Widerstand zu überwinden oder einem Widerstand durch Muskeleinsatz entgegenzuwirken. Kraft wird in der Praxis nie rein physikalisch als das Produkt aus Masse mal Beschleunigung, sondern immer im Zusammenhang mit dem Stoffwechsel (biochemischer Faktor) und dem neuromuskulären System (koordinativer Faktor) gesehen.
Die theoretische Struktur der Kraft sieht die Unterteilung in drei Unterformen vor: Kraftausdauer, Maximalkraft und Schnellkraft. Die Unterformen der Kraft werden vom Innervationsverhalten (Rekrutierung und Frequenzierung beim Einsatz der motorischen Einheiten), vom Muskelfaserquerschnitt und der Muskelfaserzusammensetzung bestimmt.
In der krankengymnastischen Behandlung von orthopädischen und unfallverletzten Patienten entscheiden die Diagnose, der krankengymnastische Befund und die individuellen Anforderungen, bezogen auf den Alltag des Patienten, über den Zeitpunkt des Einsatzes und die Akzentuierung des Kraftausdauer- und des Maximalkrafttrainings. Die Schnellkraft nimmt in der Rehabilitation und Krankengymnastik nur eine unwesentliche Rolle ein,

gewinnt aber mit zunehmender Genesung besonders bei Sportlern an Bedeutung.
Kraftausdauer ist die Widerstandsfähigkeit gegen Ermüdung bei langandauernden oder sich häufig wiederholenden Kraftleistungen, bezogen auf eine Muskelmasse, die ⅓ der Gesamtmuskelmasse nicht überschreitet. Diese Definition impliziert die Existenz einer dynamischen und einer statischen Komponente der Kraftausdauer. Kraftausdauer wird als lokale Muskelausdauer umschriebener Regionen bezeichnet und deutlich von der globalen kardiopulmonalen Ausdauer differenziert. Für die Kraftausdauer ist die Qualität des lokalen Muskelstoffwechsels und nicht die Leistungsfähigkeit des Herz- und Kreislaufsystems von limitierender Bedeutung.
Bei der Strukturierung der Kraftausdauer unterscheiden wir neben dem Charakter der Arbeitsweise (statisch oder dynamisch) auch die jeweils dominierenden Energiegewinnungsmechanismen. Die aerobe Kraftausdauer basiert primär auf oxidativer, alaktazider Energiegewinnung. Der Ruhe-Laktatspiegel steigt nicht oder nur unerheblich. Die anaerobe Kraftausdauer beruht auf der anoxidativen Tätigkeit verschiedener anaerober Enzyme und Katalysatoren. Hier wird der Ruhe-Laktatwert oft weit überschritten, es fallen je nach Belastungsintensität und -dauer hohe anaerobe Stoffwechselabbauprodukte an.
Bei statischer Muskelarbeit ist die vorwiegend aerobe Energiegewinnung nur möglich, wenn die Belastungsintensität weniger als 15 bis 20% der maximalen Kraft der arbeitenden Muskulatur fordert. Bei statischen Kontraktionen zwischen 15 und 50% der Maximalkraft verhält sich der Stoffwechsel gemischt aerob-anaerob, wobei es zunehmend zu einer Kompression der Blutgefäße kommt. Statische Belastungen mit mehr als 50% der Maximalkraft führen zu einem kompletten Durchblutungsstop und damit zu rein anaeroben Energiegewinnungsmechanismen.
Bei dynamischer Arbeitsweise nimmt erst bei Belastungen über 20 bis 30% der maximalen Kraft die anaerobe Energiegewinnung eine zunehmende Rolle ein. Selbst bei Maximalbelastungen kommt es

durch den intermittierenden Charakter der Belastung nicht zu einem völligen Durchblutungsstop, so daß auch in maximalen und submaximalen Belastungsbereichen die aeroben Stoffwechselvorgänge ihre Bedeutung haben. Besonders in der Rehabilitation von Unfallverletzten, nach Operationen oder längeren Immobilisationen ist die Entwicklung der aeroben dynamischen Kraftausdauer der von der Verletzung betroffenen Muskulatur erstrangiges Ziel. Die Normalisierung der metabolischen und hämodynamischen Mechanismen ist die Voraussetzung für das Training der anaeroben dynamischen und statischen Kraftausdauer sowie der Maximalkraft. In der Behandlung orthopädischer und unfallverletzter Patienten muß in jedem Fall zu Beginn der Rehabilitation parallel zur Koordinationsschulung ein aerobes Kraftausdauertraining durchgeführt werden. Erst auf der Grundlage einer ausreichenden lokalen aeroben Kraftausdauer ist atrophe Muskulatur in der Lage, anaerobe Belastungen, wie sie das Maximalkrafttraining fordert, zu tolerieren und umzusetzen.

Kraftausdauertraining mit Muskeleinsätzen unterhalb ⅓ der Gesamtmuskelmasse hat nur geringe Auswirkung auf die allgemeine kardiopulmonale Ausdauer. Umgekehrt hat kardiopulmonales Ausdauertraining (z. B. Ergometertraining) immer eine Verbesserung der lokalen Kraftausdauer der beteiligten Muskulatur zur Folge. Eine Wechselwirkung zwischen Kraftausdauer- und Maximalkrafttraining besteht nur, wenn die Belastungsintensität so gewählt wird, daß bei statischer Arbeitsweise mindestens 40 bis 60% und bei dynamischer Kontraktion 70 bis 80% der Maximalkraft eingesetzt werden. In solchen Fällen handelt es sich um Maximalkrafttraining im mittleren bis submaximalen Belastungsbereich, die Kraftausdauerverbesserung bezieht sich vorwiegend auf die anaerobe Komponente des Stoffwechsels. Gelegentlich werden im dynamischen Kraftausdauertraining mit atropher Muskulatur auch Belastungsintensitäten von 50 bis 70% Maximalkraft steigernde Wirkung haben.

Die Richtlinien für das krankengymnastische und rehabilitative Kraftausdauertraining sehen zur Verbesserung der aeroben dyna-

mischen Kraftausauer »lange« Serien mit mehr als 30 Übungsrepetitionen pro Serie mit kurzen Pausen bei einer Belastungsintensität zwischen 20 und 40% der Maximalkraft vor. Dieses Training bildet die Grundlage für die aufbauenden Programme zur Steigerung der anaeroben statischen und dynamischen Kraftausdauer und der Maximalkraft.
Das klassische anaerobe dynamische Kraftausdauer-Training wird von Belastungsintensitäten zwischen 40 und 70% der Maximalkraft geprägt. Bei 2 bis 6 Serien mit je 8 bis 25 Repetitionen werden oftmals hohe Laktatwerte provoziert. Die Belastungsverträglichkeit und die Regenerationsfähigkeit und damit die Pausendauer wird entscheidend von der Qualität der aeroben dynamischen Kraftausdauer bestimmt.
Damit z. B. die bei zahlreichen Wirbelsäulenpatienten wenig leistungsfähige Rumpfmuskulatur den Alltagsansprüchen gewachsen ist, sind krankengymnastische Behandlungsprogramme angezeigt, die die anaerobe statische Kraftausdauer der Rumpfmuskulatur verbessern. Pro Muskelgruppe werden 5 bis 10 Repetitionen mit statischer Muskelkontraktion von 20 bis 60% der Maximalkraft über einen Zeitraum von je 5 bis 20 Sekunden gehalten. Die Pausen sind mittel bis lang, d. h. sie haben die gleiche bis dreifache Dauer der Belastungsphase.

Maximalkraft ist die bei einer maximalen Willkürkontraktion gegen einen unüberwindlichen Widerstand einsetzbare Kraft.
Krankengymnastik in der Behandlung orthopädischer und vor allem unfallverletzter Patienten hat auch das Ziel Muskelatrophien zu beseitigen. Um den Zustand der Normotrophie bzw. der Hypertrophie zu erreichen, sind Behandlungsprogramme notwendig, die zu einer Querschnittszunahme der betroffenen Skelettmuskulatur und dadurch zu einem Ausgleich der Maximalkraftdefizite führen. Der Nebeneffekt von Maximalkrafttraining ist die Normalisierung und Verbesserung der anaeroben statischen und dynamischen Kraftausdauer (Abb. II).
Die in der Krankengymnastik bekannteste Methode des Maximal-

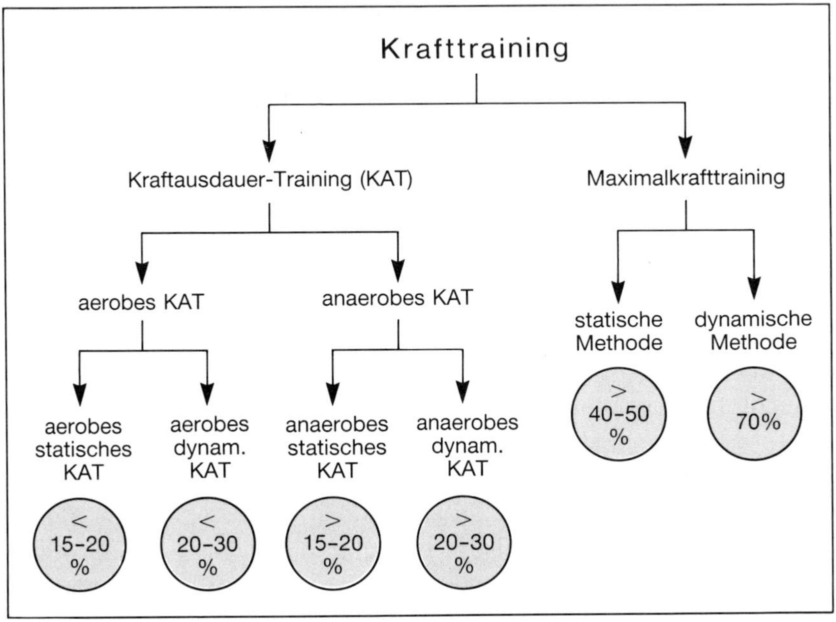

Abb. II: Schematische Darstellung des krankengymnastischen Krafttrainings mit der prozentualen Angabe der Reizschwelle (Größe des Widerstandes) bezogen auf die individuelle Maximalkraft des Patienten (= 100%).

krafttrainings bzw. des »Hypertrophietrainings« ist die statische Methode. Untersuchungen von *Hettinger* belegen, daß bereits Reizintensitäten von 40 bis 50% der Maximalkraft bei einer Reizdauer von 20 bis 30% der bis zur Erschöpfung möglichen Anspannungszeit bei 3 bis 5 täglichen Repetitionen zum Trainingsoptimum führen. Dies ist die Minimalforderung. Bei herz- und kreislaufgesunden Patienten sollten die erwähnten Werte überschritten werden, damit eine Unterdosierung vermieden wird. Im statischen Krafttraining sind Reizintensitäten von 90 bis 100% der Maximalkraft bei einer Anspannungsdauer von 8 bis 12 Sekunden und 8 bis 10 Repetitionen pro Behandlungseinheit und Muskelgruppe zu empfehlen. Statisches Muskeltraining ist die frühest mögliche

Form des Maximalkrafttrainings in der Krankengymnastik. Die statische Arbeitsweise gewährleistet saubere Grifftechniken und sichere Griffetransfers zur Unterstützung und Stabilisation der verletzten Strukturen von Seiten des Therapeuten. Die Voraussetzung zur Durchführung von statischem Muskelkrafttraining ist die Übungsstabilität. Als Nachteil der statischen Methode muß berücksichtigt werden, daß die koordinative Sicherheit in der dynamischen Bewegungsausführung nicht geübt wird. Die intramuskuläre Koordination verbessert sich dagegen durch statisches Muskeltraining mit unterschiedlichen Reizintensitäten. Der Trainingsreiz der statischen Methode beschränkt sich auf die eingesetzte Muskulatur, bezogen auf die jeweilige Gelenkposition, die während der Kontraktion eingenommen wird.

Maximale statische Kontraktionen provozieren hohe Herzfrequenzen und einen Anstieg der Blutdruckwerte. Bei der Behandlung älterer oder herz- und kreislauflabiler bzw. -schwacher Patienten ist statisches Muskeltraining vorsichtig dosiert anwendbar. Notfalls müssen die Belastungsnormative so modifiziert werden, daß die Gesamtbelastung toleriert wird, auch wenn dadurch nicht das Trainingsoptimum erreicht wird.

Dynamisches Muskelkrafttraining erfordert zügig wiederholte dynamische Muskelkontraktionen gegen Widerstände, die mindestens 70 bis 80% der Maximalkraft erfordern. Diese Reizschwelle muß überschritten werden, um bei normotropher Muskulatur eine Querschnittszunahme zu erzielen. In der frühen Phase des rehabilitativen Hypertrophietrainings reichen bei ausgeprägten Inaktivitätsatrophien oftmals schon Reizintensitäten zwischen 50 und 60% der Maximalkraft aus, um Zuwachsraten in der Maximalkraft zu verzeichnen.

Die Dynamik und die komplexe Variabilität der Reizparameter (Reizintensität, Reizdauer, Reizdichte, Reizhäufigkeit) lassen unendlich viele Trainingsprogramme zu. Je geringer die Reizintensität und je höher die Reizhäufigkeit pro Serie ist, desto mehr verliert das Programm den Charakter eines »Hypertrophietrainings« und nimmt den Charakter eines Trainings zur Verbesserung der anaeroben dynamischen Kraftausdauer an. Die Praxis des rehabilitativen Maximalkrafttrainings reicht von submaximalen Hypertrophieserien in der Frühphase (z. B. 4 Serien mit je 10 Repetitionen bei 65% der Maximalkraft) bis zu hochintensivem Maximalkrafttraining mit Testcharakter (z. B. »Doppelwiederholungen«, d. h. 3 Serien mit je zwei Wiederholungen mit 95% der Maximalkraft).

Der Vorteil der dynamischen Variante ist die sich parallel zur Maximalkraftzunahme entwickelnde koordinative Bewegungsqualität unter hoher Belastung. Außerdem ist der Gewöhnungseffekt durch die im Verhältnis zur statischen Methode höhere Variabilität der Trainingsprogramme erheblich geringer. Anders als beim statischen Krafttraining lassen sich bei der dynamischen Methode die Parameter Reizintensität, -dichte und -häufigkeit effektiver untereinander kombinieren und variieren. Die Voraussetzung für die Durchführung von dynamischen Maximalkrafttraining ist die Belastbarkeit der verletzten Strukturen, damit die hohen Reizintensitäten keine Irritationen und bionegative Belastungen hervorrufen.

Als Nachteil muß der höhere Zeitaufwand in Relation zur statischen Methode erwähnt werden.

Diese kurze Skizzierung der wichtigsten Grundlagen des Krafttrainings war notwendig, damit die Rolle der PNF-Methode im Rahmen der Behandlungsmethodik zur Verbesserung der konditionellen Grundeigenschaft Kraft besser erkannt wird. Werden die PNF-Muster und die PNF-Behandlungstechniken mit den dargestellten Behandlungsprinzipien kombiniert, können in dieser Verbindung optimale Reize zur Verbesserung der Kraftausdauer und der Maximalkraft gesetzt werden. In der praktischen Umsetzung sind die geforderten Reizintensitäten bzw. Widerstände, mit denen geübt wird, oftmals ein Problem. Beim Training der Kraftausdauer, vor allem beim Üben der aeroben dynamischen Komponente, sind die Widerstände vom Therapeuten noch problemlos manuell zu geben. Statisches Krafttraining zur Verbesserung der Maximalkraft läßt sich ebenfalls ohne Schwierigkeiten mit manuellen Widerständen durchführen. Der Therapeut muß sich lediglich so kontrollieren, daß die analog den Prinzipien des rehabilitativen Krafttrainings notwendigen Reizintensitäten über die entsprechende Serien- und Repetitionenanzahl annähernd konstant gehalten werden. Dynamisches Maximalkrafttraining erfordert nach Abschluß der Frühphase jedoch so hohe Reizintensitäten, daß hier manuelle Widerstände kaum möglich sind. Effektives dynamisches Maximalkrafttraining ist dann nur mit apparativer Hilfe (Zugapparat, Hanteln, Gewichte, elektronische Kraftmaschinen, usw.) mit objektivierbaren Widerständen möglich.

PNF und Flexibilität

Die konditionelle Grundeigenschaft Flexibilität (Beweglichkeit) wird als die Schwingungsweite der Gelenke innerhalb der physiologischen Grenzen erklärt.
Um die Flexibilität von gesunden, nicht verletzten Menschen zu verbessern und zu erhalten, werden Muskeldehntechniken eingesetzt. Die geringe Flexibilität der Kapsel-Bandstrukturen hat stabilisierende und sichernde Funktion. In der Krankengymnastik mit orthopädischen und unfallverletzten Patienten muß zunächst die Normobilität der Kapsel-Bandstrukturen wiederhergestellt werden, ehe Muskeldehntechniken zu einer weiteren Normalisierung und Verbesserung der Flexibilität führen. Werden diagnostizierte Flexibilitätseinschränkungen eindeutig mit Mobilitätsdefiziten des Kapsel-Bandapparates in Verbindung gebracht, sind die Behandlungstechniken der Manuellen Therapie angezeigt. Erst im weiteren Verlauf der Behandlung, oder wenn Kapsel-Bandbeteiligungen ausgeschlossen werden, gewinnt der Einsatz von Muskeldehntechniken zunehmende Bedeutung.
Sowohl die Prinzipien der Manuellen Therapie, als auch die verschiedenen Varianten der Muskeldehnung sind Krankengymnasten bekannt, so daß eine umfassende Skizzierung, ähnlich den Grundlagen des Krafttrainings, hier entfällt.
Manuelle Therapie in diagonalen, dreidimensionalen PNF-Mu-

stern ist nicht möglich, da Traktionen und translatorische Gleitbewegungen unbedingt achsengerecht in einer Behandlungsebene durchgeführt werden müssen.

Bei Muskeldehnung hat sich dagegen die Kombination der verschiedenen Dehntechniken in Verbindung mit PNF-Bewegungsmustern und in PNF-Einstellungen bewährt. In einigen Fällen ist die optimale Dehnstellung eines Muskels zwar nicht identisch mit einem PNF-Muster, doch beim Dehnen von Muskelketten kommt der PNF-Methode eine große Bedeutung zu. Die agonistische Endstellung eines PNF-Musters ist so definiert, daß die entsprechende antagonistische Muskelkette ihre optimale Dehnung erhält, auch wenn einzelne Glieder der Muskelkette in anderen, leicht variierten Positionen, besser gedehnt werden könnten.

Beim Einsatz von PNF-Pattern zur Muskeldehnung liegt die Betonung auf der Komplexität der Dehnung analog den funktionellen Muskelketten.

PNF-Muster lassen sich mit allen Muskeldehntechniken kombinieren. Den PNF-Dehnungstechniken »Hold-Relax« und »Contract-Relax« liegt eines der Prinzipien von *Sherrington* zugrunde, nach dem auf die Kontraktion eines normal innervierten Muskels immer eine Relaxationsphase mit verminderter Spannung des gleichen Muskels erfolgt. Dieses Prinzip, das sich neurophysiologisch und biochemisch erklären läßt, bildet die Grundlage für die Muskeldehntechnik »CHRS«. »CHRS« beschreibt das Verfahren dieser Dehntechnik als Contract-Hold-Relax-Stretch (Anspannen-Halten-Entspannen-Dehnen). Die statische Kontraktion neuromuskulär intakter Muskulatur (Contract-Phase) führt während der Kontraktion zu einer Drosselung der Blutzirkulation. Dadurch kommt es bei gleichbleibendem Widerstand zu einer Erhöhung der bioelektrischen Muskelaktivität (Hold-Phase). Mit zunehmender Dauer der Kontraktion tritt die therapeutisch erwünschte Ermüdung ein. Die biochemische Ermüdung, die konzentriert und mental begleitete Muskelentspannung und die nachgewiesene Ermüdung des Nervensystems hat eine Hemmung der Kontraktionsfähigkeit und -bereitschaft, sowie eine Tonussenkung des aktiven Muskels zur

Folge (Relax-Phase). Der Dehnwiderstand der Muskulatur wird nach o. g. Vorbehandlung reduziert und damit die Dehnung effizienter (Stretch-Phase). Das praktische Verfahren der CHRS-Technik sieht statische Muskelkontraktion der zu dehnenden Muskulatur in bereits gedehnter Stellung mit 50 bis 75% der Maximalkraft für 5 bis 15 Sekunden Dauer vor. Der bewußten »aktiven« Entspannung kann eine Reizpause von 2 bis 5 Sekunden folgen. Dann wird die Dehnung analog den bekannten Kriterien des statischen Muskeldehnens intensiviert, in dem die Muskulatur über die Ausgangsstellung hinaus gedehnt wird. Dieser Vorgang kann mehrfach wiederholt werden. Die Kombination mit speziellen PNF-Techniken und mit Verfahren, die die Kraftverhältnisse der Antagonisten der verkürzten Muskulatur verbessern, ist angebracht. Zum Beispiel kann die Technik der Bewegungsumkehr mit den Prinzipien des rehabilitativen Krafttrainings kombiniert werden.

PNF und Ausdauer

Die konditionelle Grundeigenschaft Ausdauer ist die Widerstandsfähigkeit gegen Ermüdung. Ausdauer wird bestimmt durch die Ökonomisierung des Herz- und Kreislaufsystems, des Atmungssystems, des Muskelstoffwechsels und der neuromuskulären Koordination. Die Qualität dieser Organ- und Funktionssysteme entscheidet im wesentlichen über die Belastungsverträglichkeit und die Regenerationsfähigkeit des Patienten.
In der Hierarchie der konditionellen Grundeigenschaften rangiert die Ausdauer aus krankengymnastischer Sicht erst an vierter Stelle, hinter der Koordination, der Kraft und Flexibilität. Die Hauptprobleme der orthopädischen und unfallverletzten Patienten liegen mit unterschiedlicher Ausprägung in den Bereichen der neuromuskulären Koordination, es bestehen Flexibilitäts- und Kraftdefizite. Die Lösung dieser Schwierigkeiten ist das primäre Ziel der spezifischen krankengymnastischen Behandlung.
Die Verbesserung der globalen Ausdauer, die Steigerung der Bela-

stungsverträglichkeit und der Regenerationsfähigkeit des gesamten Organismus ist notwendig, aber im Rahmen der Krankengymnastik mit wenigen Ausnahmen nebensächlich. Nur wenige Krankheitsbilder verlangen die schwerpunktmäßige Strukturierung der Krankengymnastik in Richtung auf ein globales Ausdauertraining. Neue Trends in der Skoliosebehandlung zeigen auf diesem Sektor die Bedeutung von Ausdauertraining auf. Der überwiegende Teil der orthopädischen und unfallverletzten Patienten wird Ausdauertraining nach Anleitung des Krankengymnasten parallel zu den Behandlungsinhalten, die primär Koordination, Kraft und Flexibilität verbessern, in Form von Eigenprogrammen durchführen.
Zur Verbesserung der Herz- und Kreislaufausdauer ist Muskelarbeit mit nicht mehr als ⅓ der Gesamtmuskelmasse notwendig. Darin unterscheidet sich das globale Ausdauertraining von dem lokalen (Kraft-)Ausdauertraining. Die besten Ergebnisse werden bei Belastungen im aerob-anaeroben Schwellenbereich bei dynamischer Muskelarbeitsweise erzielt. Für die Gestaltung des rehabilitativen Ausdauertrainings mit dynamischer Muskelarbeit ist die Pulsfrequenz ein entscheidendes Kriterium. Die Abb. III zeigt die Abhängigkeit des Belastungspulses vom altersabhängigen Ruhepuls.
Die aufgeführten differenzierten Werte haben nur Gültigkeit für herz- und kreislaufgesunde Patienten.
In der Krankengymnastik läßt sich das globale Ausdauertraining gut mit Behandlungsinhalten zur Verbesserung der lokalen aeroben Kraftausdauer und der Koordination verknüpfen. Die Möglichkeit des Einsatzes der PNF-Methode im Rahmen des rehabilitativen Ausdauertrainings ist gegeben, wenn der Patient die PNF-Übungen koordinativ beherrscht und die vom Therapeuten erstellten Behandlungsprogramme die Prinzipien zur globalen Ausdauerentwicklung berücksichtigen. Ausdauertraining kann dann in Form von Eigenprogrammen zur übrigen Krankengymnastik vom Patienten selbständig durchgeführt werden.
Interessante Aspekte hinsichtlich der Anwendung der PNF-Methode bei Bettlägerigkeit liefern Untersuchungen von *Hollmann*

Ruhepulsfrequenz/ min	Alter <30	30–39	40–49	50–59
unter 50	140	140	135	130
50– 59	140	140	135	130
60– 69	145	145	140	135
70– 79	145	145	140	135
80– 89	150	150	145	135
90–100	150	150	145	140
über 100	155	150	145	145

Abb. III: Orientierungswerte für Trainingspulsfrequenzen bezogen auf aerobes Ausdauertraining nach der kontinuierlichen Methode* (nach *Lagerström* u. *Völker*).

und *Hettinger*. Während einer 14-tägigen Bettruhe wurden bei drei Probandengruppen verschiedene Ausdauertrainingsprogramme eingesetzt. Überraschenderweise schnitt die Gruppe, die ein gering dosiertes statisches Muskeltraining unter Einsatz großer Muskelmassen durchführte, besser ab, als die Probanden, die »klassisches« dynamisches Ausdauertraining an der Tretkurbel liegend absolvierten.
Als Richtlinie für die Ausdauerverbesserung von bettlägerigen Patienten mit Hilfe von statischen Übungsprogrammen gilt der Einsatz von mehr als ⅓ der Gesamtmuskelmasse pro Übung. Die Reizintensität beträgt zwischen 20 und 30% der Maximalkraft bei einer Anspannungsdauer von 30 bis 60 Sekunden. Pro Übung werden dann 3 bis 4 Repetitionen durchgeführt. Damit auch die Koordination und die aerobe dynamische Kraftausdauer geübt

* Diese Empfehlungen finden Anwendung auf herz- und kreislaufgesunde nicht speziell ausdauertrainierte Sportverletzte. Bei Ausdauerathleten können die Richtwerte um 5–10% übertroffen werden.

wird, sollte Ausdauertraining für Bettlägerige komplex gestaltet sein, d. h. zwischen den statischen Übungen werden Atemübungen und dynamische Übungen eingeschaltet.
Bei der Auswahl der statischen und der dynamischen Ganzkörperübungen spielen die PNF-Muster eine große Rolle. Über die weiterlaufenden Innervationen analog der positiven Irradiation kann auch Muskulatur erreicht werden, die immobilisierten Körperabschnitten zugeordnet ist.

Die PNF-Behandlungstechniken

Die PNF-Techniken lassen sich in die Grund- und die Arbeitstechniken differenzieren. Die Grundtechniken stellen, isoliert angewendet, keinen oder nur einen minimalen Trainingsreiz für die Muskulatur dar. Die Grundtechniken dienen zur Vorbereitung, Stimulation und Unterstützung der Arbeitstechniken und entfalten ihre volle Wirkung erst in der Kombination mit der tatsächlichen Muskelarbeit (Abb. IV).

Grundtechniken	
Rhythmische Initiierung	○○○
Traktion/Vordehnung	○
Approximation	○
Stretch	

Arbeitstechniken	
Statische Einstellung	○○○
Dynamisch-konzentr. Einweg	○○○
Pivoting	○○
Rhythmische Stabilisation	○
Bewegungsumkehr	○
Statisch-dynamische Kombination	○
Dynamisch-exzentr. Einweg	○

Abb. IV: PNF-Behandlungstechniken und ihre Bedeutung in der Behandlung orthopädischer und unfallverletzter Patienten.
(Die Wertigkeit läßt sich aus der Anzahl der Punkte erkennen).

Rhythmische Initiierung (»Pumping up«) RBE

Rhythmische Initiierung ist das koordinative Einüben eines PNF-Musters mit manueller Assistenz eines Therapeuten. Die rhythmische Initiierung ist die entscheidende (Grund-)Technik der PNF-Methode. Die Anwendung weiterer Techniken ist zwecklos, wenn das gewünschte Bewegungsmuster vom Patienten nicht beherrscht und fehlerhaft ausgeführt wird.
Mit dem Verfahren der rhythmischen Initiierung wird die Bahnung (Fazilitation) des geübten Patterns erreicht. Dabei wird das PNF-Muster vom Therapeuten mit rhythmischer, flüssiger, dynamischer Arbeitsweise eingeübt. Der gewählte Bewegungsablauf wird zunächst passiv und im weiteren Verlauf gegen zunehmenden Widerstand des Therapeuten einkoordiniert. Analog den Prinzipien des Koordinationstrainings wird der therapeutische Widerstand unter 30% der Maximalkraft bleiben. Die Anzahl der Repetitionen der einzustudierenden Bewegung hängt vom Schwierigkeitsgrad und der Lokalisation des Patterns ab. Bei komplizierten Bewegungsmustern oder schwierigen Patienten muß der Therapeut während der rhythmischen Initiierung nach Analyse des gesamten Bewegungsvorganges oft Bewegungskomponenten einzelner Drehpunkte (Gelenke) isoliert üben, um dann die koordinierten Einzelbewegungen zu einem komplexen, vollständigen PNF-Muster zu verbinden. Mitunter gelingt es dem Patienten erst nach sehr vielen therapeutischen unterstützten Wiederholungen, ein ungewohntes, neues PNF-Muster zeitweise koordinativ zu beherrschen. Der Prozeß der Automatisation eines solchen Bewegungsablaufes kann sich über viele Behandlungseinheiten und über Wochen hinziehen.

Traktion/Vordehnung

Die Traktion und die Vordehnung stimuliert die Bewegungsfähigkeit durch Entfernen der Gelenkpartner im physiologischen Ausmaß (Traktion) und durch Dehnung der agonistischen Muskulatur, wobei beachtet werden muß, daß die Dehnung möglichst sämtliche an der Bewegungsausführung beteiligten Agonisten erreichen soll. Bei unfallverletzten Patienten kann die Traktion/Vordehnung nur in der Weise eingesetzt werden, daß die Verletzung nicht negativ beeinflußt wird. Bei Übungsstabilität ist der Einsatz dieser Technik meist auf die proximal der Läsion gelegenen Strukturen beschränkt.

Therapeutischer Stretch

Der therapeutische Stretch ist eine Dehnung, die den phasischen (monosynaptischen) Eigenreflex auslöst und damit eine optimale Stimulation der agonistischen Muskelkette darstellt. In der Ausführung des PNF-Stretchs wird auf die Vordehnung der agonistischen Muskelkette ein kurzer Zusatzdehnreiz gesetzt. Die so gedehnte Muskulatur antwortet über den phasischen Eigenreflex mit einer Kontraktion, deren Innervationsreiz sich auf die gesamte am PNF-Muster beteiligte Muskulatur ausbreiten soll.
In der Behandlung orthopädischer und unfallverletzter Patienten hat der Stretch nicht die Bedeutung, die ihm bei bestimmten neurologischen Behandlungen zukommt. Oft ist aus verletzungsbedingten Gründen der Einsatz des Stretchs nicht möglich, oder dieser Stimulationsreiz kann nur proximal der Läsion eingesetzt werden. Der Nutzen dieser Grundtechnik wird allgemein überschätzt. Das exakte Einkoordinieren eines PNF-Musters über die rhythmische Initiierung ist erfahrungsgemäß effektiver, da nur so eine vom Patienten aktiv kontrollierte Bewegungsfähigkeit geschaffen wird. Die beim Stretch ablaufenden reflektorischen Prozesse führen nicht zu einem stabilen Automatismus, bezogen auf den gewählten Bewegungsablauf.
In einigen wenigen Fällen ist der therapeutische Stretch aber auch in der Orthopädie und Traumatologie nützlich. Bei unfallverletzten Patienten mit immobilisationsbedingten Innervationsstörungen, wie sie häufig nach Gipsruhigstellungen der M. quadriceps aufweist, ist gezieltes Stretchen der Patellasehne ein guter Weg, die Innervationsbereitschaft zu schulen.

Bei posttraumatischen Nervenläsionen mit peripheren Muskellähmungen ist die Anwendung des Stretchs umstritten. Bei Erholung der geschädigten Nervenbahnen ist es günstiger, mit gezielten Willkürkontraktionen und Koordinationsübungen gegen geringen Widerstand zu arbeiten.

Approximation

Approximation ist die therapeutische Kompression der Gelenkpartner, um die Gelenkstabilität während statischer und dynamischer Arbeit zu gewährleisten. Auch hier gilt, ähnlich der Traktion/Vordehnung, daß das Einsatzgebiet dieser Technik oft nur proximal der Läsionsstelle liegen kann. In der Behandlung von Wirbelsäulenpatienten kommt der Approximation eine entscheidende Bedeutung zu. Werden Approximationsreize mit PNF-Extremitätenmustern kombiniert, so wird die auf die Rumpfmuskulatur weiterlaufende Innervation (positive Irradiation) gefördert und damit sogar bei Immobilisationen des gesamten Rumpfes (z. B. nach Wirbelsäulenoperationen oder Korsettbehandlungen) gezielte Stimulation der Rumpfmuskulatur möglich.

Statische Einstellung

Unter der statischen Einstellung verstehen wir die statische Kontraktion der agonistischen Muskelkette eines PNF-Musters in einer genau definierten Position.
Statische Anspannungen führen zu einer höheren bioelektrischen Muskelaktivität und zu einer gesteigerten Rekrutierung und Frequenzierung von motorischen Einheiten. Die Innervationsreize werden durch die positive Irradiation im Sinne der »overflowreaction« auf die Muskulatur der gesamten funktionellen Agonistenkette des entsprechenden PNF-Musters übertragen.
Mit statischen Einstellungen ist in Kombination mit den Prinzipien des statischen Muskeltrainings bereits im Frühstadium der Unfallnachbehandlung effektives Krafttraining möglich. Das Prinzip der

Statik läßt eine therapeutisch kontrollierte Grifftechnik und einen sicheren Grifftransfer zu. Damit ist die Schonung der unter Umständen nur übungsstabilen Läsionsgebiete gewährleistet.
In der krankengymnastischen Behandlung zahlreicher Wirbelsäulenpatienten sind statische Einstellungen notwendig, um die anaerobe statische Kraftausdauer der Rumpfmuskulatur zu verbessern.
Statische Einstellungen sind indiziert, wenn sich Probleme in der Gelenkstabilität eindeutig bestimmten begrenzten Bewegungsamplituden zuordnen lassen. In diesen muskulär schlecht gesicherten Bewegungsabschnitten tragen statische Anspannungen der Muskulatur zur Entwicklung der Muskelkraft, bezogen auf die geübte Winkelposition, bei.

Rhythmische Stabilisation

Die Arbeitstechnik der rhythmischen Stabilisation sieht gleichzeitig ausgeführte statische Ko-Kontraktionen der agonistischen und der antagonistischen Muskelkette eines PNF-Musters mit wechselnder Betonung vor. Dieses Verfahren soll ein Gelenk oder einen Körperabschnitt über die gleichzeitige statische Anspannung der Agonisten und der Antagonisten stabilisieren. Die therapeutische Grifftechnik läßt außerdem die wechselnde Betonung der Muskelanspannung zu, d. h. ohne die Ko-Kontraktion zu unterbrechen, wird im rhythmischen Wechsel der Widerstand für die beiden gleichzeitig aktiven Muskelketten anschwellend gesteigert und abschwellend verringert.
Die rhythmische Stabilisation ist eine sehr anspruchsvolle und technisch schwierige Methode, die ihre überragende Bedeutung in der Behandlung der Wirbelsäule findet. Die Wirbelsäule wird in der Praxis als ein funktionelles Gelenk betrachtet. Die Antagonisten der Rumpfflexoren sind demnach die Rumpfextensoren. Die physiologische automatische Ko-Kontraktion der Rumpfmuskulatur zur Stabilisation der Wirbelsäule in der Vertikalen, kann dem Patienten mit Hilfe der rhythmischen Stabilisation bewußt ge-

macht und geübt werden. Dabei liegt der Schwerpunkt in der Verbesserung der intermuskulären Koordination zwischen den statisch ko-kontrahierten Agonisten und Antagonisten eines PNF-Musters. Neben den typischen Rumpfmustern (Kopf-, Schulterblatt- und Beckenmuster) können auch Extremitätenpattern eingesetzt werden. Die Betonung liegt hier aber immer auf der Stimulation der Rumpfmuskulatur.

Dynamisch-konzentrischer Einweg

Der dynamisch-konzentrische Einweg ist die konzentrische Muskelarbeit der agonistischen Muskelkette eines PNF-Musters, wobei die gesamte Bewegungsbahn oder Abschnitte der Bewegungsbahn zurückgelegt werden.
Bei der Durchführung dieser Technik ist zu beachten, daß die beteiligte Muskulatur tatsächlich nur dynamisch-konzentrisch kontrahiert. Zwischen den einzelnen Repetitionen der Übung werden die Agonisten entspannt und die Ausgangsstellung des PNF-Musters vom Therapeuten neu eingestellt. Die oft nicht bewußt wahrgenommene Exzentrik der Agonisten beim Zurückkehren in die Ausgangsstellung muß vermieden werden.
Die Arbeitstechnik konzentrischer Einweg läßt sich in Verbindung mit den entsprechenden Trainingsprinzipien hervorragend zur Verbesserung der konditionellen Grundeigenschaften Koordination und Kraft einsetzen. Der Schlüssel zum Erfolg ist die richtige Kombination der Reizparameter. Die Reizintensität, der Widerstand, gegen den bewegt wird, ist variabel und richtet sich nach den angestrebten Behandlungszielen. Das gleiche gilt für die Reizdichte (Verhältnis Reizdauer zur Reizpause) und die Reizhäufigkeit (Anzahl der Repetitionen).

Dynamisch-exzentrischer Einweg

Der dynamisch-exzentrische Einweg ist die exzentrische Muskelarbeit der agonistischen Muskelkette eines PNF-Musters, wobei

die gesamte Bewegungsbahn oder Abschnitte der Bewegungsbahn zurückgelegt werden.
Bedingt durch den spezifischen Charakter exzentrischer Muskelspannungen zählt der exzentrische Einweg zu einer der anspruchsvollsten PNF-Techniken, die nur mit koordinativ geschulten Patienten möglich ist.
Vorausgesetzt diese Technik wird, wie nahezu alle übrigen Techniken auch, primär zum therapeutisch kontrollierten Training der Koordination eingesetzt, sind maximale Reizintensitäten nicht angebracht. Widerstände im geringen bis submaximalen Intensitätsbereich erfordern die harmonische Teamarbeit zwischen Patient und Therapeut. Diese Konstellation verbietet das »Hau-ruck-Üben« und setzt kontrolliertes und genau koordiniertes Abbremsen der größeren äußeren Kraft (therapeutischer Widerstand) über fein dosierte exzentrische Muskelarbeit des Patienten voraus.
Wird der exzentrische Einweg nicht mit anderen PNF-Techniken kombiniert, ist das völlige Entspannen der Agonisten nach Beendigung jeder Repetition notwendig.

Bewegungsumkehr

Die PNF-Technik Bewegungsumkehr ist das flüssig koordinierte Hintereinanderschalten des agonistischen und des antagonistischen Musters auf einer PNF-Diagonalen ohne Pausenintervall bei dynamisch-konzentrischer Arbeitsweise der jeweilig aktiven Muskelkette.
Diesem Verfahren liegt das *Sherrington*sche Gesetz der »Sukzessiven Induktion« zugrunde, das besagt, daß nach der Anspannung der agonistischen Muskelkette bei sofort anschließender Aktivierung der antagonistischen Muskulatur diese Muskelschlinge fazilitiert wird.
Durch eine geschickte therapeutische Grifftechnik ist es möglich, den Vorgang des Umschaltens vom agonistischen auf das antagoni-

stische PNF-Pattern fließend zu gestalten. Eine »Kontraktionslücke«, also eine kurze Phase der Entspannung beider an der Übung beteiligter Muskelketten, sollte vermieden werden.
In der herkömmlichen PNF-Nomenklatur wird diese Technik als »langsame Umkehr« bezeichnet. Bei guter Koordination des Patienten und perfekter therapeutischer Grifftechnik ist auch hier Variabilität im Bewegungstempo und in der Reizintensität angezeigt.

Statisch-dynamische Kombination

Diese PNF-Technik beinhaltet flüssig koordiniertes Hintereinanderschalten statischer, konzentrischer und exzentrischer Muskelkontraktionen der agonistischen Muskelkette eines PNF-Musters ohne Pausenintervall (Abb. V).
Die Bezeichnung »wiederholte Kontraktion«, die die gleichen Vorgänge beschreibt, ist unglücklich gewählt. Echte wiederholte Kontraktionen setzen Pausenintervalle zwischen den einzelnen Repetitionen voraus. Diese Pausen sind bei dieser Technik aber nicht erwünscht. Es handelt sich vielmehr um das koordinierte Umschalten auf die verschiedenen Kontraktionsweisen der Muskulatur ohne Pause. Dieses Verfahren stellt eine Simulation der im Alltag üblichen Wechsel zwischen den Kontraktionsarten dar.
Im technischen Verlauf wird nach einem möglicherweise gesetzten therapeutischen Stretch mit konzentrischer Muskelarbeit bis zum Punkt spürbar nachlassender Aktivität bewegt. Dieser Punkt ist relativ und verlangt vom Therapeuten genaues Fingerspitzengefühl und Beobachten. Ist der Punkt bzw. die Zone erreicht, in der bei gleichem therapeutischen Widerstand die Leistung des Patienten nachläßt, wird ein zusätzlicher therapeutischer Stimulationsreiz gesetzt, der exzentrische oder statische Muskelanspannung provoziert. Durch exzentrische oder statische Muskelanspannung nimmt die Rekrutierung der motorischen Einheiten und die Impulsfrequenzierung zu. Diese Erhöhung der motorischen Erregung der Agonisten fördert anschließend eine subjektiv und objektiv

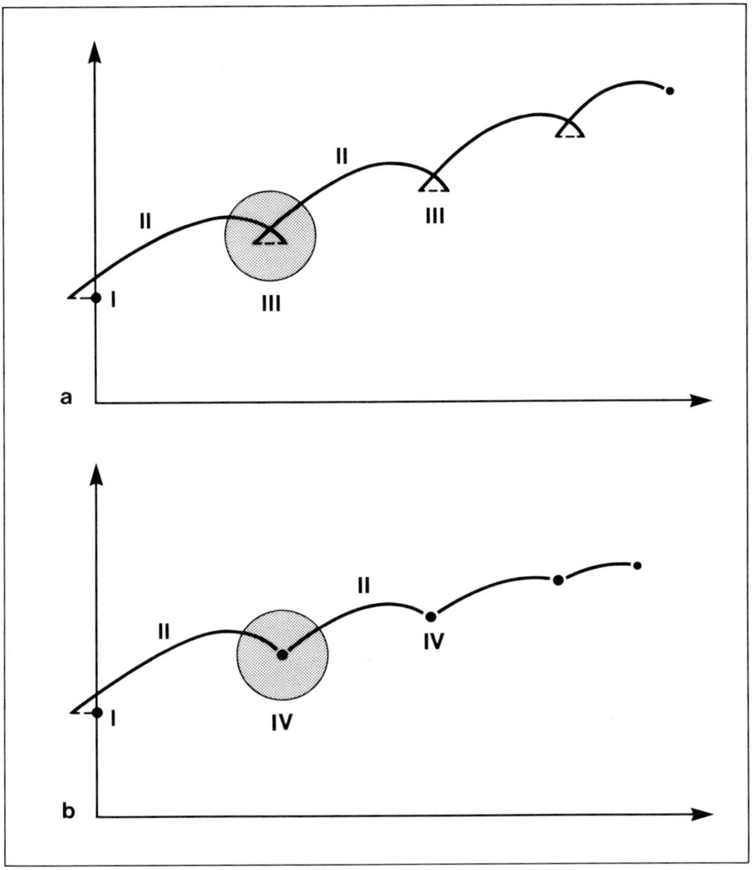

Abb. V: PNF-Arbeitstechnik »statisch-dynamische Kombination«.

I Therapeutischer Stretch.

II Dynamisch-konzentrische Kontraktion.

III Durch eine vom Therapeuten provozierte dynamisch-exzentrische Kontraktion wird am Punkt nachlassender Spannung die Steigerung der Rekrutierung der motorischen Einheiten und eine Erhöhung der Impulsfrequenzierung erreicht (Variante a).

IV Am Punkt nachlassender Spannung erfolgt ein Stimulationsreiz in Form einer statischen Kontraktion (Variante b).

Aus »Sportphysiotherapie und Rehabilitation« (Einsingbach, Klümper, Biedermann), Thieme-Verlag 1988.

leichtere Fortführung der begonnenen Bewegung mit konzentrischer Muskelarbeit.
In der Praxis muß beachtet werden, daß die statischen oder exzentrischen Stimulationsreize vom Patienten wirklich verarbeitet werden. Bei Patienten mit Problemen im koordinativen Bereich darf der Wechsel zwischen den Kontraktionsweisen nicht zu abrupt und schnell vorgenommen werden. In diesen Fällen ist ruhiges und bewußtes Üben angezeigt.
Im fortgeschrittenen Stadium kann die statisch-dynamische Kombination mit belastungsstabilen Patienten auch im Sinne des reaktiven Krafttrainings eingesetzt werden. Dabei werden auf die konzentrisch arbeitende Muskulatur kurze, blitzartige exzentrische Reize gesetzt, um das reflektorische exzentrische Anspannen der Agonisten zu provozieren. Auch hier muß aber bei wiederholter Reizsetzung der wirkliche Wechsel zwischen beiden Kontraktionsweisen sichergestellt sein.

Pivoting

Beim Pivoting oder der Technik der betonten Drehpunkte handelt es sich um die zeitgleich kombinierte statische und dynamische Muskelarbeit innerhalb der agonistischen Muskelkette eines PNF-Musters.
Genau genommen ist Pivoting keine eigenständige PNF-Arbeitstechnik, sondern eine besonders sinnvolle Kombination aus verschiedenen Verfahren.
Ein praktisches Beispiel soll dies verdeutlichen: Soll ein atrophierter M. triceps brachii im PNF-Armmuster EXT-ABD-IR mit Ellenbogenextension speziell behandelt werden, so ist bei Anwendung des Pivoting die Stabilisation des zum pivotierten Ellenbogen proximal gelegenen Gelenkes über die statische Kontraktion der entsprechenden Agonisten notwendig. Das Schultergelenk wird durch statische Anspannung der Schulterextensoren, -abduktoren und -innenrotatoren gesichert und über die Pivotierung des Ellenbogengelenkes der M. triceps brachii kontrahiert.

Über die Stabilisation mobiler Drehpunkte (Gelenke) durch statische Muskelkontraktionen kräftiger, normotropher Abschnitte der agonistischen Muskelkette wird eine Stimulation der atrophen, schwachen Anteile der gleichen Muskelkette, die einem anderen Gelenk zugeordnet sind, gefördert.

Das Problem der Reizintensitäten in der krankengymnastischen Behandlung

Bei dem Einsatz der PNF-Methode in der krankengymnastischen Behandlung orthopädischer und unfallverletzter Patienten liegt der Schlüssel zum Erfolg in einer sinnvollen und gezielten Kombination funktioneller PNF-Muster mit den Reizparametern Reizintensität, Reizdauer, Reizdichte und Reizhäufigkeit.
Unter Reizintensität wird die Größe des Widerstandes verstanden, mit dem eine Wiederholung einer Übung durchgeführt wird. Bei der Größe des Widerstandes sind die Schwerkraft, das Eigengewicht des zu bewegenden oder zu haltenden Körperteils und der eventuell zusätzlich gesetzte therapeutische Widerstand zu berücksichtigen. Die Reizintensität gibt die Intensität eines Einzelreizes im Verhältnis zur individuellen Maximalleistung an. Wird die Maximalleistung gefordert, so hat der Reiz eine Intensität von 85–100%. Die Abstufung der schwächeren Intensitäten wird mit fließenden Übergängen als submaximale (70–90%), mittlere (50–75%), leichte (35–60%) und geringe (20–40%) Reizintensität definiert. Der Trainingsreiz muß überschwellig sein, um morphologische und funktionelle Anpassungserscheinungen zur Folge zu haben. Unterschwellige Reize bewirken keine adaptiven Vorgänge, die Summation von zu hohen Reizen kann zur Überbeanspruchung führen.
Die Feinabstimmung der unterschiedlichen Reizintensitäten läßt sich mit objektivierbaren Widerständen wie Zugapparaten, Kraftmaschinen oder Hanteln, problemlos regeln. In der Frühphase der Unfallnachbehandlung, bei Koordinationsschulung in der krankengymnastischen Behandlung und in vielen anderen Situationen

sind jedoch Geräte und Trainingsmittel, die objektive Reizintensitäten bieten, noch nicht einsetzbar oder aus trainings- und behandlungsmethodischen Gründen nicht sinnvoll. Sofern in den weiterführenden Behandlungseinheiten der Einsatz von höheren Reizintensitäten erforderlich ist und aus organisatorischen Gründen die o. g. Behandlungsmittel nicht zur Verfügung stehen, bleibt dem Therapeuten gar keine andere Wahl, er kann dann lediglich die zur Erreichung der angestrebten Behandlungsinhalte notwendigen Reizintensitäten manuell setzen.
Diese Situation ist vor allem im rehabilitativen Krafttraining nach immobilisationsbedingten Muskelatrophien unbefriedigend und mühsam und führt nicht zu den optimalen Behandlungsergebnissen.
In der Phase der Übungsstabilität nach Osteosynthesen oder in der Koordinationsschulung sind die manuell gesetzten Widerstände aber die einzige Möglichkeit, die Stabilität der Läsionsstelle zu gewährleisten, die Reizintensität noch während des Übungsvorganges zu verändern und den individuellen Anforderungen anzupassen, sowie die koordinativen Abläufe kontrolliert zu bahnen.
Damit die Effektivität der Behandlung auch in diesen Fällen gesichert ist, muß der Therapeut hier über die Fähigkeit verfügen, seine manuellen Widerstände zu variieren. Die Dosierung des therapeutischen Widerstandes ist vom Feingefühl des Krankengymnasten abhängig, der in der Lage sein sollte, fünf unterschiedliche Reizintensitäten setzen zu können (Abb. VI).
Stufe I ist vergleichbar mit einer Intensität von etwa 10% der Maximalkraft. Der Therapeut nimmt dabei dem Patienten die Eigenschwere des zu bewegenden Körperteils ab und unterstützt die Bewegung.
Stufe II (ca. 30% der Maximalkraft) läßt die Eigenschwere des bewegten Körperteils als Gewichtslast zu und gibt zusätzlichen Führungswiderstand. Muskelkontraktionen in der Stufe I und II werden vom aeroben Stoffwechsel bestimmt.
In *Stufe III* gibt der Therapeut Widerstände, die vom Patienten etwa 50% (½ Kraft) seiner Maximalkraft fordern.

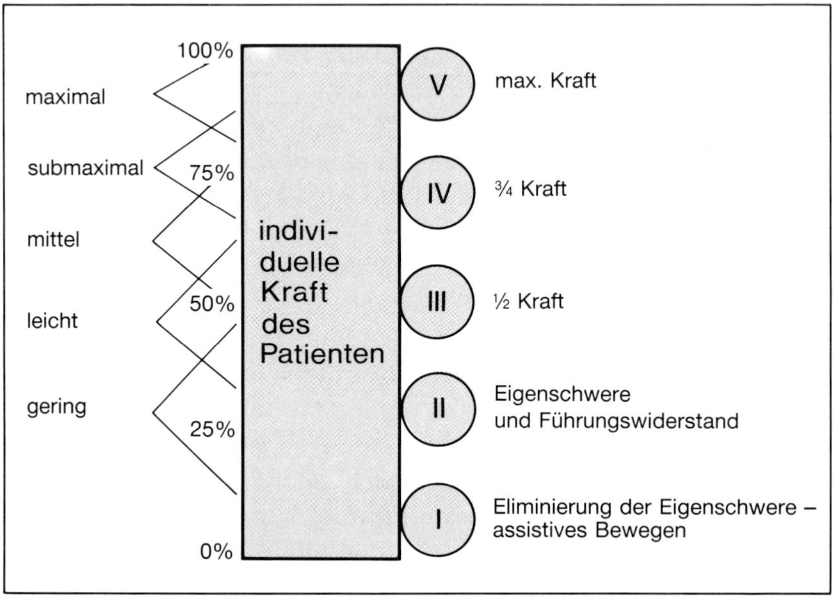

Abb. VI: Vergleich der Reizintensitäten »maximal – gering« (in Prozent der individuellen Maximalkraft des Patienten) mit den manuell gesetzten therapeutischen Widerständen.

Stufe IV bedeutet Widerstände bis zu 75% (¾ Kraft).
Dosierungsstufe V arbeitet mit Widerständen, die etwa 95% der Maximalkraft verlangen. *Stufe V* ist nur in Ausnahmefällen sinnvoll, da Patienten, die Widerstände der Kategorie V tolerieren, möglichst rasch an die apparativen und objektivierbaren Krafttrainingsmittel geführt werden sollten.

Die Bedeutung der aktuellen Entwicklungsstufen in der krankengymnastischen Behandlung Unfallverletzter

Die aktuelle Entwicklungsstufe eines Rehabilitanden entspricht seinem augenblicklichen Zustand und beschreibt die Einschränkungen und Möglichkeiten bezogen auf die Verletzung und die rehabilitative Therapie (Abb. VII).

	Koordination	Maximalkraft	Kraftausdauer	Kardiopulmonale Ausdauer	Beweglichkeit
Übungsstabilität	○○○	○○○	○○○	○○○	(○○○)
Belastbarkeit	○○(○)	○○(○)	○○(○)	○○○	(○○○)
Beanspruchbarkeit	○	○○	○○	○○(○)	(○)
Alltagsbeanspruchbarkeit	×	(○)	(○)	(○)	(○)
Sportbeanspruchbarkeit	×	×	(○)	(○)	(○)

Abb. VII: Die Behandlungsschwerpunkte der aktuellen Entwicklungsstufen.

○○○ funktionelle stark behindernde Defizite
○○ Funktionseinschränkungen bei Einsatz der verletzten Strukturen
○ geringe Funktionseinschränkungen
× normale Funktion
( ) vom Einzelfall abhängig

Aus »Sportphysiotherapie und Rehabilitation« (Einsingbach, Klümper, Biedermann), Thieme-Verlag 1988.

In der Rehabilitation Unfallverletzter werden fünf Entwicklungsstufen unterschieden:

- Übungsstabilität,
- Belastbarkeit,
- Beanspruchbarkeit,
- Alltagsbeanspruchbarkeit,
- Sportbeanspruchbarkeit.

Besonders die ersten drei Entwicklungsstufen sind von krankengymnastisch-rehabilitativem Interesse, wobei die einzelnen Entwicklungsphasen keine scharfen Abgrenzungen zueinander aufweisen, sondern flüssige Übergänge die Regel sind.

Übungsstabilität

Die eingeschränkte Übungsstabilität ist nach den meisten Verletzungen des Halte- und Bewegungsapparates bei konservativer, ärztlicher Versorgung nach Abklingen der akuten Symptomatik gegeben.

Auch bei operativ versorgten Verletzungen ist bei komplikationslosem Verlauf in der Regel innerhalb der ersten 3–5 postoperativen Tage mit partieller Übungsstabilität zu rechnen. Die vom Arzt genau limitierte Übungsstabilität steckt den Rahmen für die frühfunktionelle Nachbehandlung ab.

Aus krankengymnastischer Sicht bedeutet eingeschränkte Übungsstabilität, daß statisches Muskeltraining, das Schulen der belastungsfreien Beweglichkeit und dynamische Muskelarbeit entsprechend der ärztlichen Anordnung möglich sind. Die Anwendung krankengymnastischer Spezialmethoden (z. B. die PNF-Methode) ist erlaubt, erfordert aber große Erfahrung und besonderes Geschick hinsichtlich der therapeutischen Grifftechniken.

Die volle Übungsstabilität ist erreicht, wenn unter Entlastung des verletzten Körperteils die uneingeschränkte Bewegungsstabilität möglich ist. Bei knöchernen Verletzungen bietet die operative Osteosynthese sehr rasch die Möglichkeit der belastungsfreien Bewegungsstabilität.

Die volle Übungsstabilität modifiziert die entsprechenden krankengymnastischen Techniken nicht, da das entscheidende Element der Belastbarkeit noch nicht erreicht ist. Die volle Übungsstabilität läßt aber meist größere Exkursionen auf den Bewegungsbahnen zu als die eingeschränkte Übungsstabilität, die lediglich Teilabschnitte der Bewegungsbahnen freigibt.
Einen Übergang von der Übungsstabilität zur Belastbarkeit stellt die Teilbelastbarkeit dar, die die Belastung mit einem Teil des Körpergewichts erlaubt.

Belastbarkeit

Sie ist gewährleistet, wenn die verletzten Strukturen so weit ausgeheilt und stabilisiert sind, daß die Belastung in Form des eigenen Körpergewichts zumindest zeitweise möglich ist. Die Belastbarkeit bezieht sich im wesentlichen auf die Stabilität der verletzten Strukturen, nicht aber auf deren funktionelle Einsatzbereitschaft. In der Phase der Belastbarkeit bestehen neben den Mängeln in der neuromuskulären Koordination zum Teil bedeutende Defizite im Bereich der muskulären Sicherung und Führung sowie in der Beweglichkeit. Nach leichteren Weichteilläsionen (Zerrungen, Muskelfaserrissen und Verstauchungen) richtet sich die Belastbarkeit meist nach der Schmerzempfindlichkeit und dem Ausmaß der Begleitschwellung. Nach Operationen und knöchernen Verletzungen erteilt der Arzt genaue Informationen über den Grad der Belastbarkeit.
In der Phase der Belastbarkeit können im Rahmen der krankengymnastischen Rehabilitation vollständige Muskelketten trainiert werden, verstärkt Widerstände eingesetzt oder gesteigert werden, Rotationen betont und die Bewegungshebel verlängert werden.
Mit zunehmender Wiederherstellung der intra- und intermuskulären Koordination ist die Möglichkeit des Einsatzes sportartspezifischer Trainingsmethoden gegeben. Spezielles Maximalkraft- und Kraftausdauertraining wird in die rehabilitative Behandlungseinheit integriert, um die Muskelatrophie zu beheben.

Beanspruchbarkeit

Sie ist die Fähigkeit, die verletzten Strukturen einschließlich ihrer Umgebung während eines begrenzten Zeitraums funktionell voll einzusetzen. Die Schwächen in der Phase der Beanspruchbarkeit liegen vor allem auf dem Sektor der Maximalkraft, wenn Muskelatrophien infolge von längeren Immobilisierungen oder Schonung noch nicht vollständig ausgeglichen sind. Weiterhin sind Defizite auf den Gebieten der Kraftausdauer, der Koordination und der Ausdauer zu verzeichnen, die vor allem bei längerer Beanspruchung der verletzten Strukturen deutlich werden. Bewegungseinschränkungen bestehen nur noch endgradig und behindern die normale Funktion des entsprechenden Körperabschnitts nicht mehr entscheidend.

In der Phase der Beanspruchbarkeit konzentriert sich die Behandlung auf die Beseitigung letzter koordinativer Probleme und Muskelatrophien. Der Muskelstoffwechsel ist zu normalisieren, damit die von der Verletzung betroffenen Funktionseinheiten in die Lage versetzt werden, Belastungen von normalen Größenordnungen über einen längeren Zeitraum durchzuhalten.

Alltagsbeanspruchbarkeit und Sportbeanspruchbarkeit

Die Alltagsbeanspruchbarkeit geht von der vollen Arbeitsfähigkeit aus. In diesem Bereich gibt es enorme Unterschiede. Zu verschieden sind die Belastungsanforderungen der einzelnen Berufe und Tätigkeiten. Die Alltagsbeanspruchbarkeit eines Schwerarbeiters kann später erreicht sein, als die Sportbeanspruchbarkeit eines Schwimmers.

Die volle Sportbeanspruchbarkeit ist gewährleistet, wenn der rehabilitierte Sportler die gewählte Sportart wieder ohne Einschränkungen ausüben kann.

Anwendungsmöglichkeiten der PNF-Methode nach übungsstabiler Osteosyntheseversorgung

In der Frakturenbehandlung der modernen Traumatologie hat sich die übungsstabile Osteosynthese durchgesetzt. Durch dieses operative Verfahren erhält auch die krankengymnastische Arbeit eine andere Qualität. Der frühe Zeitpunkt des Beginns der aktiven Rehabilitation verringert die Heilungsdauer erheblich.
Die knöcherne Konsolidierung einer Fraktur kann durch krankengymnastische Maßnahmen nur unwesentlich beeinflußt werden. Frühzeitiges gezieltes Üben mindert aber entscheidend die Defizite in den Bereichen Koordination und Beweglichkeit und mit Einschränkungen auch der Kraftqualitäten.
Die komplexen, sich an Alltags- und Gebrauchsbewegungen orientierenden, PNF-Muster koordinieren das Zusammenspiel des Bewegungs- und Halteapparates. Die intra- und intermuskuläre Koordination läßt sich schon in der Phase der Übungsstabilität problemlos schulen, da die trainingsmethodisch für Koordinationstraining notwendigen Widerstände sehr gering sind. Die therapeutisch gesetzten Widerstände müssen nicht unbedingt die von der Schwerkraft der bewegten Strukturen gesetzten Lasten und Widerstände überschreiten. Die dreidimensionalen, mehrere Gelenke (Drehpunkte) integrierenden PNF-Muster tragen entscheidend zur Erhaltung der Flexibilität bei. Widerstände und Belastungen, die osteosynthetisch versorgte Frakturen negativ beeinflussen, werden nicht eingesetzt. Die ausgewählten PNF-Muster können »aktiv geführt« oder nur als passive Bewegungen unter Abnahme der Eigenschwere durchgeführt werden.

Bezogen auf die Grundeigenschaft Kraft muß der Wert der PNF-Methode relativiert werden. Dürfen aus operativ-versorgungstechnischen Gründen nur geringere Widerstände eingesetzt werden, als trainingsmethodisch für die Verbesserung der Kraftdimensionen, Kraftausdauer und Maximalkraft gefordert werden, so stellen auch die funktionellen PNF-Übungen keinen adäquaten Reiz für die Verbesserung oder Stabilisierung der Grundeigenschaft Kraft dar.
Das Prinzip des positiven Overflows, daß die Reizweiterleitung von kräftiger normotropher Muskulatur auf schwächere Muskulatur der gleichen funktionellen Muskelkette beschreibt, ohne daß für die atrophe Muskulatur direkter Widerstand gegeben wird, hat in der traumatologischen Krankengymnastik weniger praktische Bedeutung als beispielsweise in der Neurologie. Durch Overflow läßt sich keine Wirkung erzielen, die zu einer objektiven Verbesserung der Kraft führt. Auch Koordinationsschulung ist nach dem Overflow-Prinzip zu ungenau und zu pauschal. In diesen Fällen ist eine direkte Anwendung von PNF-Übungen im Umfeld der Läsion in Kombination mit der Technik rhythmische Initiierung wesentlich effektiver.
PNF muß in der speziellen Anwendung im Bereich der Traumatologie so modifiziert werden, daß proximal der Läsion alle geforderten Bewegungskomponenten gebracht und mit den für die Erreichung des Behandlungszieles notwendigen Reizintensitäten (Größe des therapeutischen Widerstandes) kombiniert werden. Distal der Läsion stattfindende Gelenkbewegungen werden normalerweise in der Phase der Übungsstabilität lediglich aktiv durchgeführt. Bezüglich der therapeutischen Grifftechniken und der Größe der Widerstände (Reizintensität) gibt es proximal der Fraktur keine Einschränkungen. Distal der Läsion werden die Griffe sichernd und stabilisierend eingesetzt und müssen mitunter die Eigenschwere des zu bewegenden Körperteiles reduzieren bzw. sogar eliminieren. Diese Forderung setzt viel Einfühlungsvermögen und sehr gute Koordination der Griffe und Widerstände beim Therapeuten voraus.

Bei Anwendung der PNF-Methode in der Traumatologie wird vorausgesetzt, daß der Bewegungsablauf in den von Maggie *Knott* und Dr. *Kabat* definierten funktionellen Diagonalbahnen eingehalten wird. Die vollständige Bewegungsbahn hingegen, also der Weg zwischen maximaler Ausgangsstellung und maximaler Endstellung, muß oder kann nicht immer realisiert werden. Operativ bedingte Gegebenheiten (z. B. Knieflexionseinschränkung nach osteosynthetisch versorgter Tibiakopffraktur), der Fixationsgriff des Therapeuten, Fäden der Operationswunde oder Negativ-Einflüsse durch weiterlaufende Bewegungen lassen häufig eine Vollständigkeit der Bewegungsbahn nicht zu.
Bei Einhalten der entsprechenden Bewegungsdiagonalen und bei sauberer Grifftechnik des Therapeuten kommt es jedoch auch bei bezüglich des Bewegungsweges unvollständigen PNF-Mustern zu einer Integration der gesamten an dem entsprechenden PNF-Muster beteiligten Muskelkette. Die Schaltzentrale der Skelettmuskelmotorik arbeitet nie in Aktionen einzelner isolierter Muskeln, sondern immer in komplexen Muskelketten (*Beevor*sche Regel).
Die Möglichkeit der Modifikation von Standardmustern macht die PNF-Methode in der krankengymnastischen Unfallbehandlung zu einer sinnvollen Methode. Die Notwendigkeit der Anpassung der PNF-Prinzipien analog der entsprechenden Situation läßt in diesem Bereich standardisiertes Üben nicht zu. Bei jedem Patienten müssen die therapeutischen Griffe und Techniken, das Ausmaß der gewünschten Bewegungsbahn und die Akzentuierung einzelner Bewegungsschwerpunkte individuell kombiniert werden.

Beispiele:

Bei einem Patienten mit einer Schulter-Eckgelenkverletzung, der mit einer übungsstabilen Osteosynthese versorgt wurde und dessen Elevation auf maximal 90 Grad limitiert ist, sind nur Ausschnitte bzw. unvollständige Bewegungsbahnen des gewählten PNF-Musters möglich.

Die postoperative Behandlung eines Kniepatienten mit dem PNF-Pattern Extension-Abduktion-Innenrotation mit Knieextension, der lediglich eine Flexibilität von 0–20–100 ° (Neutral-Null-Methode) aufweist, wird bestimmt durch eine Grifftechnik. Diese muß das physiologische Bewegen der am Pattern beteiligten Drehpunkte (Gelenke) und Hebel sicherstellen, indem in diesem speziellen Fall die Knieextension zunächst gehemmt und die Hüftextension gefördert wird.

Die Bedeutung von PNF in der krankengymnastischen Behandlung orthopädischer Patienten

Wird die PNF-Methode im Rahmen der operativen Orthopädie (z. B. nach Implantation von Endoprothesen, operativer Behandlung von Skoliosen oder degenerativen Wirbelsäulenschäden) eingesetzt, gelten ähnliche Prinzipien wie sie bezüglich der krankengymnastischen Therapie in der Traumatologie aufgeführt wurden. Entsprechend der individuellen postoperativen Situation und der vom Arzt festgelegten Übungseinschränkungen und -freigaben werden die konditionellen Grundeigenschaften Koordination, Beweglichkeit und Kraft trainiert. Der Einsatz von PNF-Mustern ist auf diesem Gebiet möglich und sinnvoll.

Die Hauptindikation für den Einsatz der PNF-Methode in der Orthopädie ist aber die konservative Behandlung von chronisch degenerativen Wirbelsäulenleiden und jugendlichen Haltungs- und Koordinationsfehlern. Aus unserer Sicht liegt die Ursache der Probleme dieser Patienten in der Regel in der fehlerhaften Koordination der Alltags- und Gebrauchsbewegungen. Dieses Manko ist zusätzlich kombiniert mit einer ausgeprägten Schwäche im Bereich der Kraftausdauer der Rumpfmuskulatur, wobei hier der Rückenstreckmuskulatur und der interskapulären Muskulatur allgemein zu wenig Aufmerksamkeit geschenkt wird und der Schwerpunkt zu stark auf die Rumpfflexoren gelegt wird. Flexibilitätsdefizite im Rumpf-, Becken- und Beinbereich resultieren aus den automatisierten unphysiologischen Bewegungsvorstellungen. Die Behandlung der Beweglichkeitseinschränkungen über Muskel-

dehnungen ist die Grundlage für die Intensivierung der Therapie in Form von spezifischen Koordinations- und Kraftübungen, sie führt aber isoliert angewendet langfristig nicht zu einem dauerhaften Erfolg. Bedenkt man die Stabilität der falschen Bewegungsmuster, die bei vielen Patienten bereits jahrzehntelang die Koordination der Alltagsmotorik bestimmen, und kennt man den verschwindend kleinen Bereich des Gyrus präcentralis, der für die bewußte Steuerung der Willkürmotorik der Rumpf-, Becken- und Beinmuskulatur zur Verfügung steht, so wird die überragende Bedeutung von gezielten Koordinationsübungen eindeutig. Die Grundregeln für den Einsatz von PNF-Mustern in der konservativen Behandlung von orthopädischen Patienten werden im Abschnitt »PNF und Koordination« erläutert (s. Seite 19).
An dieser Stelle sei noch einmal auf die Devise der Beschränkung auf einige wenige, aber praxisnahe Bewegungsmuster ähnlich den Beispielen in Teil II hingewiesen, die entsprechend der trainingsmethodischen Prinzipien von den Patienten einstudiert und automatisiert werden müssen. Je besser das Körpergefühl (Koordination) des Patienten ist, desto weniger Zeit wird der Prozeß der »Umschulung« von unphysiologischen auf weniger belastende Bewegungsmuster benötigen.
Der zweite Behandlungsschwerpunkt beim Einsatz der PNF-Methode in der Orthopädie liegt auf der Verbesserung der Kraft der Rumpfmuskulatur. Ob auch die Extremitäten, vor allem die Beinmuskulatur in die Behandlung integriert werden, hängt von dem krankengymnastischen Befund ab. Auf die Komplexität der Behandlung sei hier aber ausdrücklich hingewiesen. Neben der Auswahl der möglichen und sinnvollen PNF-Muster und Trainingsmittel, z. B. Hanteln, Zugapparate, Gewichte usw., ist die richtige Strukturierung des Krafttrainings der Schlüssel zum Erfolg. Obwohl die Vermittlung von generalisierten Behandlungsschemata unmöglich ist, wollen wir versuchen, unsere Grundvorstellungen von Krafttraining für konservativ zu behandelnde orthopädische Wirbelsäulen-Patienten zu skizzieren. Die Automatisierung am Arbeitsplatz führt in der heutigen Zeit zu einer zunehmenden

Reduzierung von dynamischer körperlicher Arbeit. Sogenannte leichte körperliche Arbeit, sitzende Tätigkeiten, die Ausübung von Kontrollfunktionen an Maschinen usw. bestimmen die Alltagsbelastungen der meisten Menschen. Der Anteil von monotonen, vordergründig leichten, nur kleine Regionen des Körpers belastende Tätigkeiten, mit einem oft hohen Anteil an statischer Haltearbeit, wie sie im Bereich der Fließbandarbeit und der Schreibtischberufe zu finden sind, erfordert eine spezifische Strukturierung der Kraftschulung. Die genannten Veränderungen der Alltagsbelastungen betreffen im übrigen nicht nur die sich im Arbeitsprozeß befindlichen Menschen. Auch unter Kindern und Jugendlichen grassiert ein erschreckender chronischer Bewegungsmangel. Fehlende Spiel- und Sportplätze zum unorganisierten Ausleben des Bewegungsdranges und das Überangebot von passiven Freizeiteinrichtungen sind nur zwei Faktoren dieses Übels. In der Arbeitsmedizin wird von Bewegungsmangel gesprochen, wenn in der Regel im Alltagsleben nicht mehr als 30% der Maximalkraft und weniger als 50% der maximalen Sauerstoff-Kapazität eingesetzt wird. Diese zwei Eckwerte werden tatsächlich von dem Großteil der Bevölkerung nur noch sporadisch überschritten.
Diese Ausführungen waren notwendig, um unsere Behandlungsvorstellungen zu verstehen. Nicht die konzeptlose Aneinanderreihung von gewiß physiologischen Übungen ist das Ziel moderner Krankengymnastik, sondern die Integration von alltagsbezogenen Bewegungsmustern in ein komplexes praxisnahes Behandlungskonzept. Für die in unserem Beispiel angeführte Gruppe der Patienten mit chronisch degenerativen Rückenleiden bedeutet dies bezüglich des Krafttrainings konkret, daß die Kraftausdauer der Rumpfmuskulatur objektiv verbessert werden muß. Nachprüfbare Fortschritte im Behandlungsverlauf sind aber nur mit meßbaren Widerständen, dem Behandeln nach Trainingsplan und der Dokumentation der absolvierten und der geplanten Behandlungsprogramme möglich. Auf dem Gebiet der Kraftschulung ist der Einsatz von o. g. Trainingsmitteln zwingend notwendig. Damit die Patienten aber sinnvoll mit den genannten Geräten arbeiten können, ist

das exakte Einstudieren und Automatisieren der aus krankengymnastischer Sicht zweckmäßigen Übungen die Voraussetzung. Das Einstudieren und Automatisieren von Bewegungsmustern ist nur über die Koordinationsschulung möglich. Diese Kausalkette macht den Wert und die Einsatzmöglichkeiten der PNF-Methode bzw. der PNF-Muster deutlich.
Die Bedeutung der Kombination sinnvoller PNF-Muster mit den Prinzipien des rehabilitativen Krafttrainings wird deutlich, wenn man die beiden Übungen betrachtet, die auf den Abbildungen 37 bis 40 (Teil II) gezeigt werden. In Verbindung mit den Richtlinien der Kraftausdauerentwicklung (Belastungsdauer, Anzahl der Repetitionen, Höhe des Widerstandes) stellen diese beiden komplexen Übungen ein hervorragendes Training der ventralen und dorsalen Rumpfmuskulatur dar.

Das Prinzip der Superkompensation

Eine Belastung, wie sie ein Trainings- oder Behandlungsreiz darstellt, führt zum Verbrauch funktioneller und energetischer Potentiale. Diese Ausschöpfung von Energie hat eine reversible Reduzierung der Leistungsfähigkeit, die Ermüdung zur Folge. Der Wiederaufbau der funktionellen und energetischen Potentiale erfolgt in der Erholungsphase nach der Belastung und überschreitet bei optimaler Dosierung das vor der Belastung existente Energieniveau. Dieser Mehrausgleich über den vorherigen Standard ist die Superkompensation und führt zu einer Verbesserung der Leistungsfähigkeit (Abb. VIII).
Während der Belastung ist die Beachtung der Ermüdung notwendig. Die zunehmende Ermüdung macht sich in einer verlangsamten, unsicheren Motorik, einer verschlechterten Koordination und eventuell in durch negative Irradiation bedingten Ausweichbewegungen bemerkbar. Wird der Zeitpunkt der Ermüdung zu weit überschritten, tritt die Phase der Erschöpfung ein, die in der

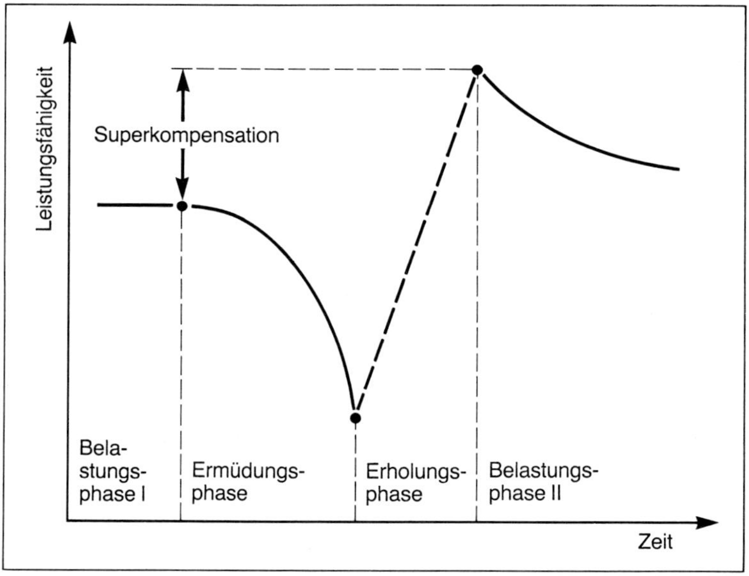

Abb. VIII: Prinzip der Superkompensation.
Aus »Sportphysiotherapie und Rehabilitation« (Einsingbach, Klümper, Biedermann), Thieme-Verlag 1988.

krankengymnastischen Behandlung nicht erwünscht ist und eine optimale Superkompensation verhindert.

Der zweite wichtige Aspekt ist die Gestaltung der Erholungsphase. Wenn der Wiederaufbau durch zu früh einsetzende oder zu intensive neue Belastung gestört wird, ist kein Mehrausgleich möglich. Dieses Phänomen wird im Sport als Übertraining bezeichnet. In der krankengymnastischen Rehabilitation vor allem querschnittgelähmter Patienten, aber auch mancher Unfallpatienten, besteht die Gefahr der Überbelastung durch Summation der psychosomatischen Belastungen ebenfalls.

In der Darstellung der Trainingsprinzipien der für die Krankengymnastik entscheidenden konditionellen Grundeigenschaften wurden absichtlich keine genormten Pausenempfehlungen nach

Belastungen gegeben. Die Dauer des Wiederaufbaus nach Belastungen hängt von der individuell sehr verschiedenen Belastungsverträglichkeit und Regenerationsfähigkeit ab. Eine schriftliche Darstellung ist nicht in der Lage, die Erfahrungswerte zu vermitteln, die notwendig sind, um die richtige Mischung von Belastung und Erholung zu finden.

Bemerkungen zum kontralateralen Transfer

Als kontralateraler Transfer oder Crossing-Effekt wird die Wirkung beschrieben, die durch eine Trainingsbelastung auf die den übenden Strukturen zugeordneten kontralateralen Elemente erzielt wird.
Für die Krankengymnastik ist der kontralaterale Transfer interessant, damit z. B. immobilisierte Körperabschnitte durch Belastungsreize, die auf der gesunden kontralateralen Seite gesetzt werden, trainingsmäßig beeinflußt werden können.
Im Koordinationstraining existiert der kontralaterale Transfer objektiv. Bewegungsmuster werden zentral gebahnt. Diese zentrale Fazilitation beschränkt sich in der Regel nicht nur auf die tatsächlich übenden Strukturen, sondern verbessert nachgewiesenermaßen auch die kontralaterale Seite, wie Untersuchungen *Hollmanns* mit Koordinationstraining für die Hand belegen (s. Seite 21). Im Ausdauertraining mit mehr als ⅓ der Gesamtmuskelmasse kommt es über die Verbesserung der kardiopulmonalen Leistungsfähigkeit zu einer globalen Steigerung der aeroben Energiegewinnungsmechanismen. Diese generelle Verbesserung der Belastungsverträglichkeit und Regenerationsfähigkeit ist allerdings nicht als klassischer kontralateraler Transfer zu bezeichnen. Nach Auswertung maßgeblicher Publikationen schließen wir uns der vorherrschenden Meinung an, daß im Krafttraining kein kontralateraler Transfer möglich ist. Die unkontrollierte, reflektorische Mit-Innervation von kontralateraler Muskulatur, die mitunter beobachtet

werden kann, wird nicht als gezielter kontralateraler Transfer von Reizen zur Verbesserung der Kraftverhältnisse anerkannt. Untersuchungen, die dem kontralateralen Transfer Zuwachsraten der Maximalkraft und der Kraftausdauer zuschreiben, sind vermutlich Fehlinterpretationen und sind eher durch den koordinativen Lerneffekt oder durch Ausdauertraining bedingte Einflüsse zu erklären.
Die praktische Arbeit mit (teil-)immobilisierten Patienten muß so strukturiert werden, daß über gezieltes Koordinationstraining mit den nicht ruhiggestellten Strukturen über den kontralateralen Transfer tatsächliche Verbesserungen der Koordination der immobilisierten Körperabschnitte erreicht werden. Neben der Auswahl von sinnvollen Übungen ist die richtige Anwendung der entsprechenden Trainingsprinzipien von entscheidener Bedeutung.
Zu große Erwartungen dürfen nicht an die Wirkung des kontralateralen Transfers gerichtet werden. Posttraumatische Probleme wie Schmerzen, Flexibilitätseinschränkungen und Defizite im koordinativen Bereich, hemmen oder verhindern häufig die objektive kontralaterale Übertragung von koordinativen Trainingsreizen.

TEIL II

Schematische Darstellung der Extremitätenpattern mit Bewegungskomponenten

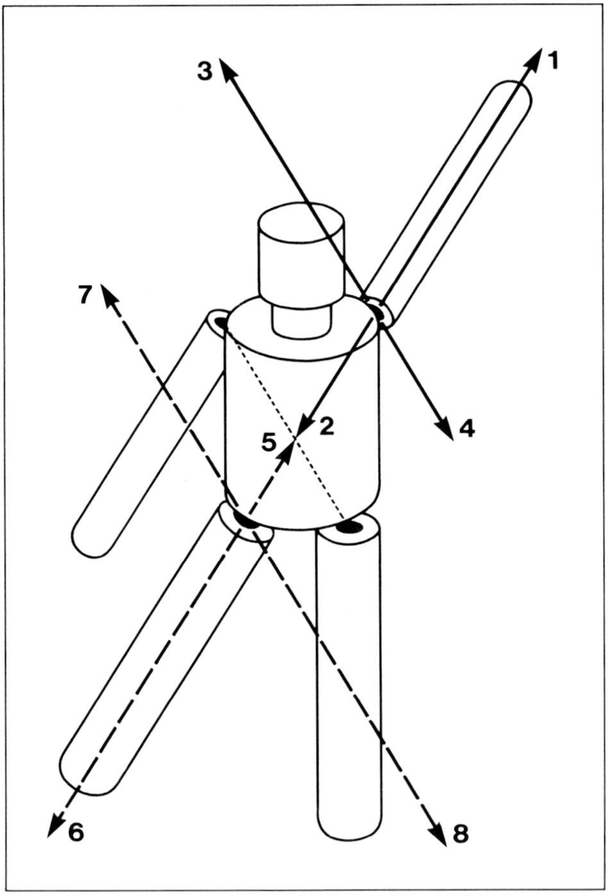

	1		2
Obere Extremität:	(FLEX/ABD/AR)	⟷	(EXT/ADD/IR)
Schultergelenk	Flexion-Abduktion-Außenrotation	⟷	Extension-Adduktion-Innenrotation
Ellenbogengelenk	wahlweise Extension oder Flexion	⟷	entsprechende Gegenposition oder gleiche Gelenkstellung
Radioulnar Gelenk	Supination	⟷	Pronation
Handgelenk	Dorsalextension	⟷	Volarflexion
Fingergelenke	Extension	⟷	Flexion

	3		4
	(FLEX/ADD/AR)	⟷	(EXT/ABD/IR)
Schultergelenk	Flexion-Adduktion-Außenrotation	⟷	Extension-Abduktion-Innenrotation
Ellenbogengelenk	wahlweise Extension oder Flexion	⟷	entsprechende Gegenposition oder gleiche Gelenkstellung
Radioulnar Gelenk	Supination	⟷	Pronation
Handgelenk	Volarflexion	⟷	Dorsalextension
Fingergelenke	Flexion	⟷	Extension

	5		6
Untere Extremität:	(FLEX/ADD/AR)	⟷	(EXT/ABD/IR)
Hüftgelenk	Flexion-Adduktion-Außenrotation	⟷	Extension-Abduktion-Innenrotation
Kniegelenk	wahlweise Extension oder Flexion	⟷	entsprechende Gegenposition oder gleiche Gelenkstellung
Fußgelenke	Dorsalextension-Supination	⟷	Plantarflexion-Pronation
Zehengelenke	Extension	⟷	Flexion

	7		8
	(FLEX/ABD/IR)	⟷	(EXT/ADD/AR)
Hüftgelenk	Flexion-Abduktion-Innenrotation	⟷	Extension-Adduktion-Außenrotation
Kniegelenk	wahlweise Extension oder Flexion	⟷	entsprechende Gegenposition oder gleiche Gelenkstellung
Fußgelenke	Dorsalextension-Pronation	⟷	Plantarflexion-Supination
Zehengelenke	Extension	⟷	Flexion

Auswahl von PNF-Pattern in Bildern

Anmerkungen

Wir haben uns bemüht aus dem Gesamtkatalog der PNF-Pattern einige der für die Arbeit mit Unfallverletzten und orthopädischen Patienten wichtigsten Muster auszuwählen. Mit der photographischen Darstellung von der Ausgangs- und der Endstellung der dynamischen Übungen wird aber immer nur ein kleiner Eindruck vom tatsächlichen Ablauf der Bewegungen vermittelt.
Die besondere Situation in der krankengymnastischen Behandlung Unfallverletzter und operativ versorgter orthopädischer Patienten macht die Dokumentation sämtlicher Grifftechniken und -varianten unmöglich.
Mit dem Phototeil versuchen wir trotzdem einen Überblick über effektive PNF-Muster zu geben und sie aus funktioneller, biomechanischer Sicht mit den Hauptagonisten darzustellen.

Legende
S = Schultergelenk
E = Ellenbogengelenk
Ru = Radioulnar Gelenk
Ha = Handgelenk
H = Hüftgelenk
K = Kniegelenk
F = Sprunggelenk

Die Wertigkeit der Hauptagonisten wird in Punkten ausgedrückt (○○○, ○○, ○). Je nach Ausgangsposition können sich die Wertigkeiten innerhalb einer Agonistenkette eines PNF-Musters verändern.

Pattern obere Extremität (Abb. 1 bis 19)

Abb. 1 und 2

Ausgangsstellung

S : Extension – Adduktion
– Innenrotation
E : Extension
Ru: Pronation
Ha: Volarflexion

Endstellung

S : Flexion – Abduktion
Außenrotation
E : Flexion
Ru: Supination
Ha: Dorsalextension

Wichtige Agonisten

○○○ Schulterflexoren (M. deltoideus)
○○ Schulteraußenrotatoren (M. infraspinatus)
○○ Ellenbogenflexoren (M. biceps brachii)
○ Finger- und Handextensoren (M. ext. carpi radialis)

Bemerkung

Mit entsprechender Betonung der Außenrotationskomponente der Schulter wird dieses Muster zu einem wertvollen Pattern für Probleme im Bereich der Außenrotatoren.

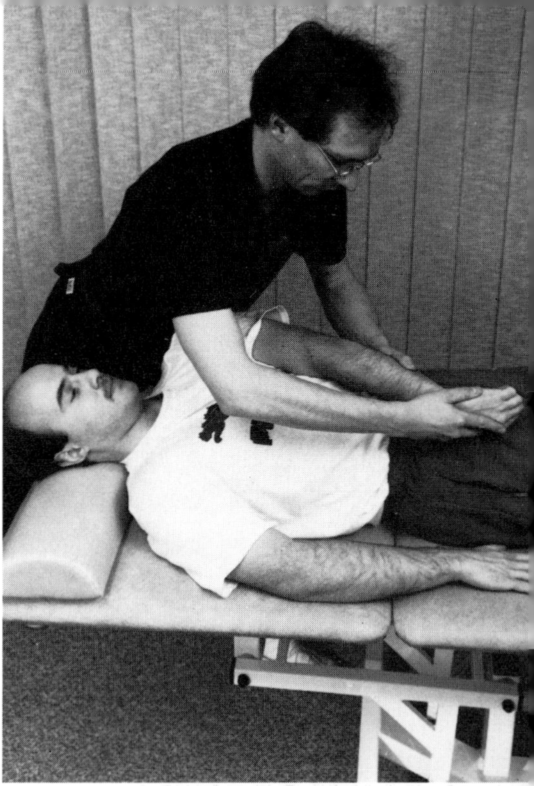

1△ 2▽

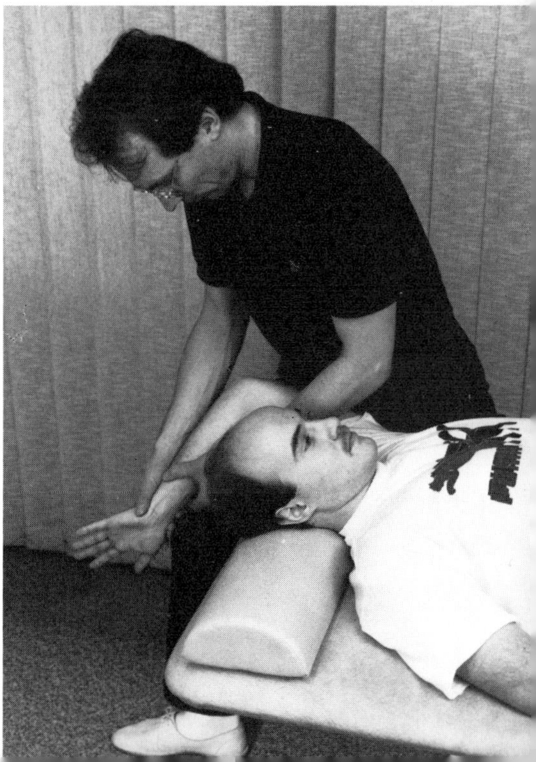

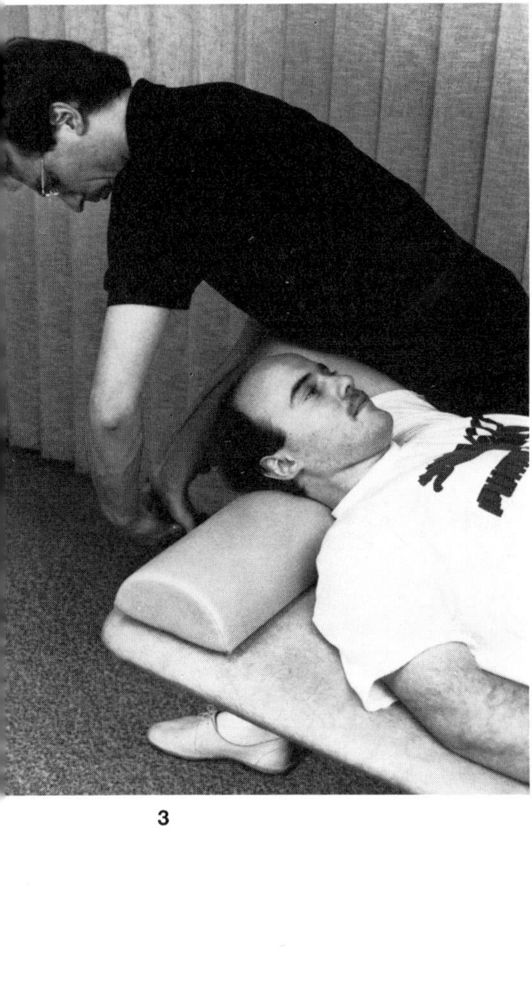

3

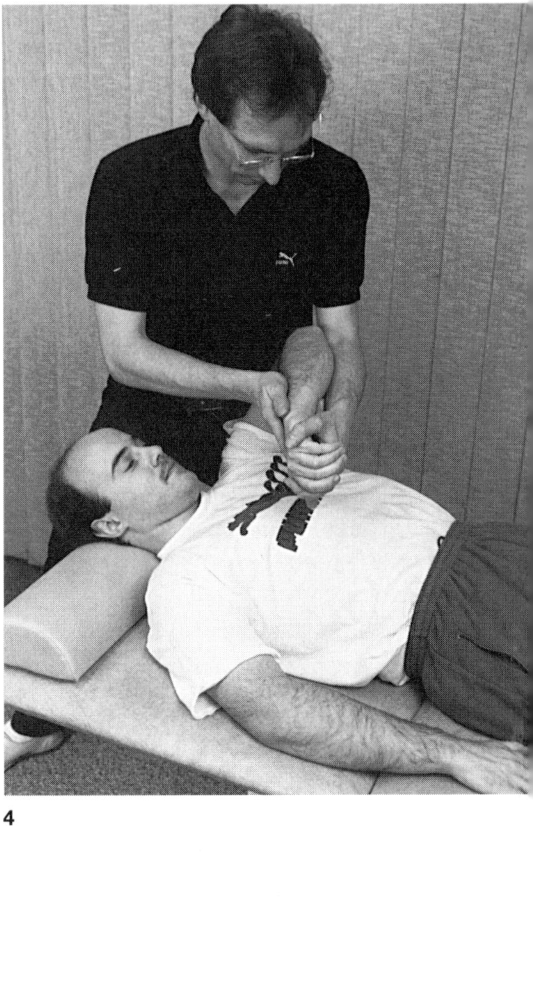

4

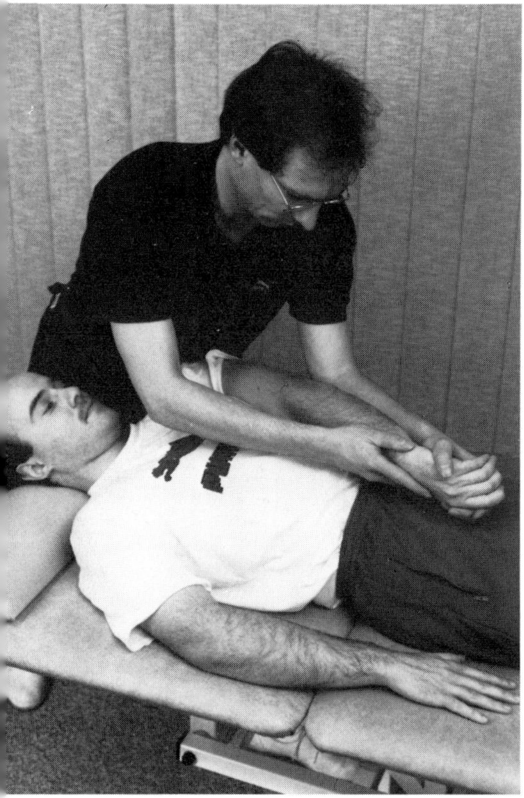

5

Abb. 3 bis 5

Ausgangsstellung

S : Flexion – Abduktion
– Außenrotation
E : Flexion
Ru: Supination
Ha: Dorsalextension

Endstellung

S : Extension – Adduktion
– Innenrotation
E : Extension
Ru : Pronation
Ha : Volarflexion

Wichtige Agonisten

○○○ M. pectoralis
○○ M. triceps brachii
(caput med. u. lat.)
○○ Schulterinnenrotatoren

Bemerkung

Dieses Muster beinhaltet eine »Zugkomponente« und eine »Stoßkomponente«. Bis zu der Position, die in Abb. 4 gezeigt wird, handelt es sich vorwiegend um ein »Zugpattern« (Hauptagonist M. pectoralis). Beim Stoß in die Extension – Adduktion – Innenrotation – Endstellung wirkt der M. triceps brachii mit seinen eingelenkigen Anteilen am stärksten.

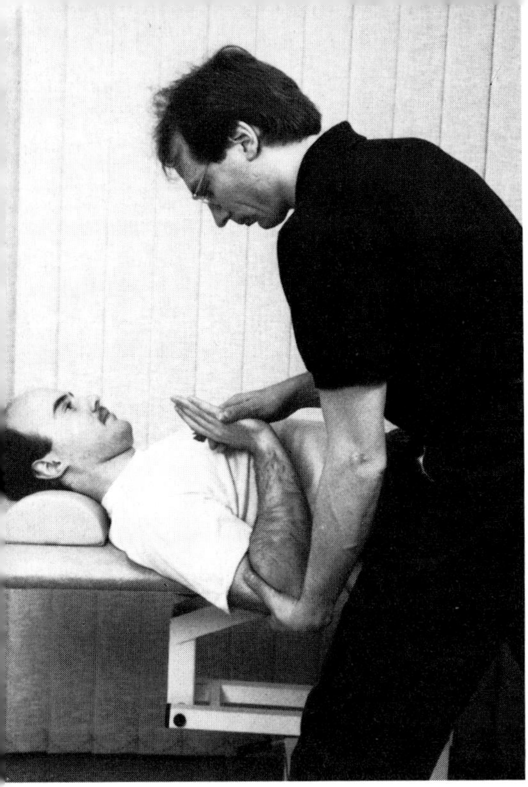

6△ 7▽

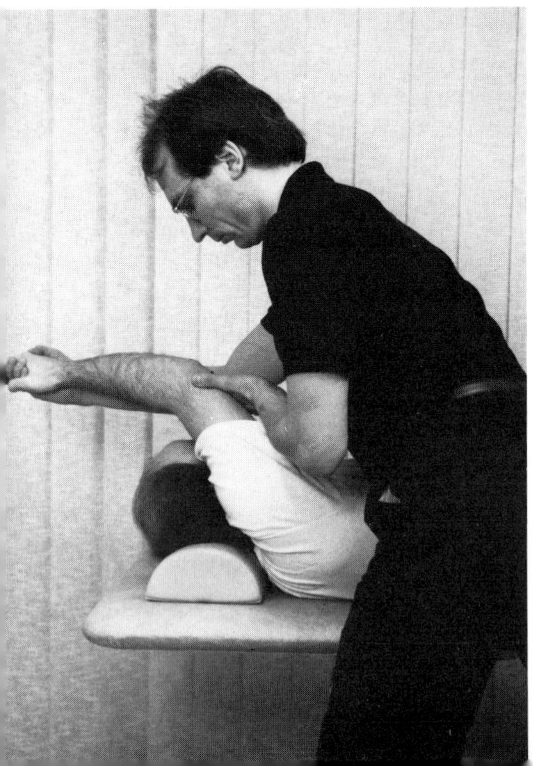

Abb. 6 und 7

Ausgangsstellung

S : Extension – Abduktion – Mittelstellung
E : Flexion
Ru: Pronation
Ha: Dorsalextension

Endstellung

S : Flexion – Adduktion – Außenrotation
E : Extension
Ru: Supination
Ha: Mittelstellung

Wichtige Agonisten

○○○ Schulterflexoren (M. deltoideus-pars clavicularis)
○○○ M. triceps brachii

Bemerkung

Durch entsprechendes Betonen der Schulterflexionskomponente werden die Schulterflexoren stimuliert. Dabei läuft der Kraftvektor flach über den Kopf in die Schulterflexionsendstellung. Wird der Kraftvektor steil angesetzt, die Ellenbogenextension betont und die Schulterflexion nur bis ca. 90° zugelassen, dann agiert der M. triceps mit seinen eingelenkigen Anteilen intensiver. Damit die Stoßbewegung handgelenkschonend ausgeführt werden kann, ist eine aktive Stabilisation durch Hand- und Fingerflexoren/ -extensoren in der Mittelstellung zu empfehlen.

Abb. 8 und 9

Ausgangsstellung

S : Extension – Abduktion – Mittelstellung
E : Extension
Ru: Pronation
Ha: Dorsalextension

Endstellung

S : Flexion – Adduktion – Außenrotation
E : Flexion
Ru: Supination
Ha: Volarflexion

Wichtige Agonisten

○○○ M. biceps brachii
○○ M. deltoideus
○○ Hand- und Fingerflexoren

Bemerkung

Dieses Pattern gilt als »das« Bizepsmuster, der als Hauptagonist an der Schulterflexion und -adduktion und vor allem an der Ellenbogenflexion und der Supinationsbewegung beteiligt ist.

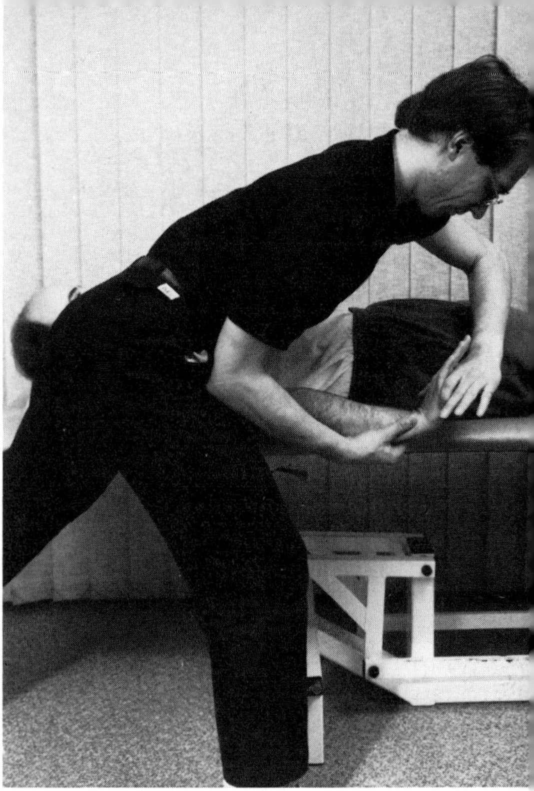

8△ 9▽

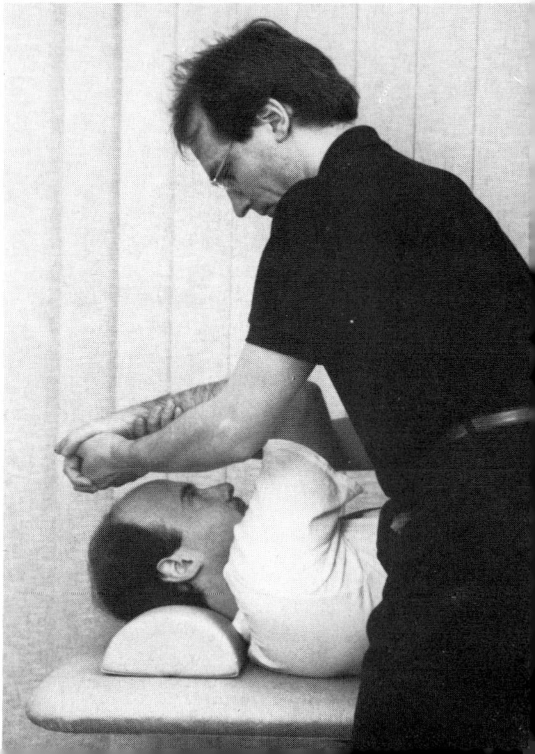

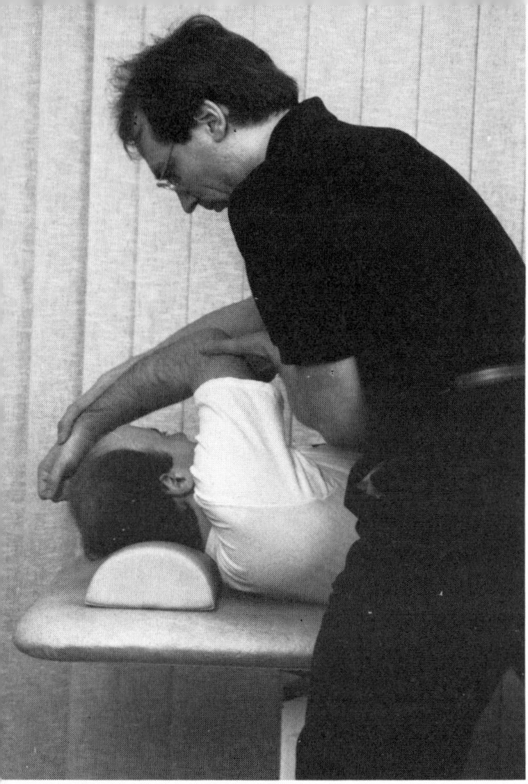

10 △ 11 ▽

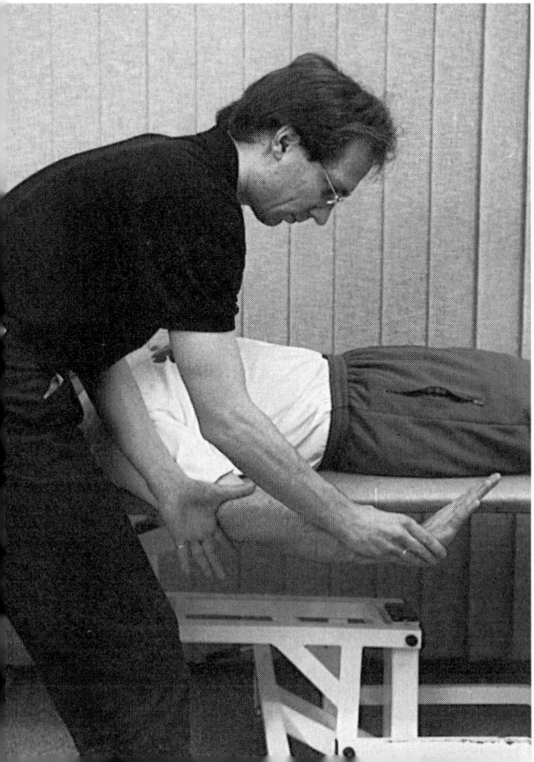

Abb. 10 und 11

Ausgangsstellung

S : Flexion – Adduktion
– Außenrotation
E : Flexion
Ru: Supination
Ha: Volarflexion

Endstellung

S : Extension – Abduktion
– Mittelstellung
E : Extension
Ru: Pronation
Ha: Dorsalextension

Wichtige Agonisten

○○○ M. triceps brachii
○○ M. deltoideus (pars spinalis)
○○ M. latissimus dorsi

Bemerkung

»Das« Trizepsmuster. Durch unterschiedliche Betonung der Drehpunkte Schulter bzw. Ellenbogen läßt sich der zweigelenkige M. triceps gut in seiner Funktion als Schulterextensor (caput longum) bzw. als wichtigster Ellenbogenextensor (caput med. u. lat.) üben.

Abb. 12 und 13

Diese Variante des Schulterextensions-Abduktionsmusters (vgl. Abb. 10 und 11) stellt ein »Trizeps-Pivot« dar. Die Schulterkomponenten werden eingestellt und statisch stabilisiert, der M. triceps agiert dynamisch und extendiert das Ellenbogengelenk.

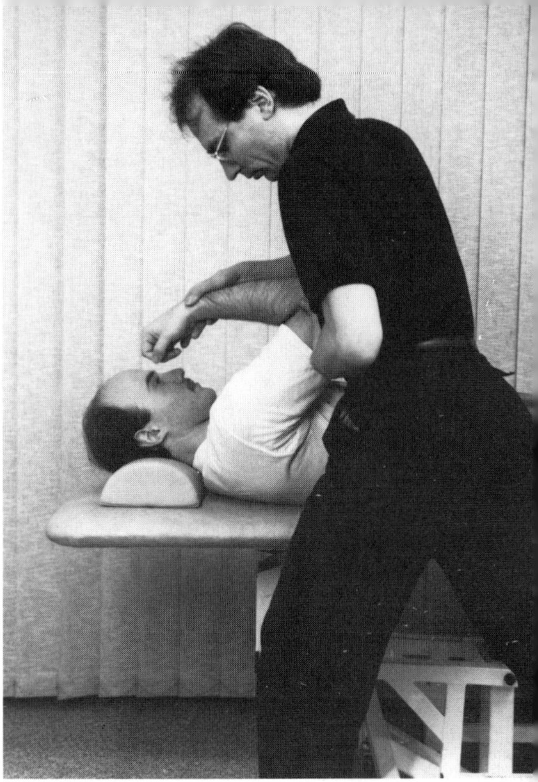

12△

13▽

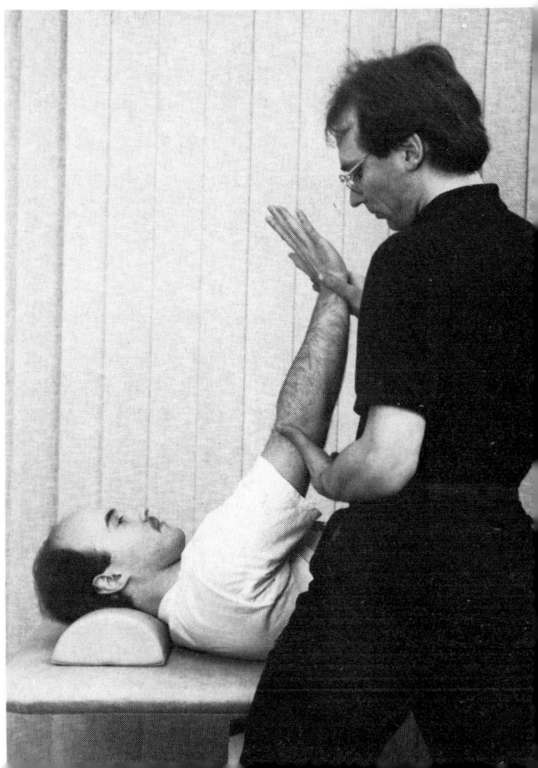

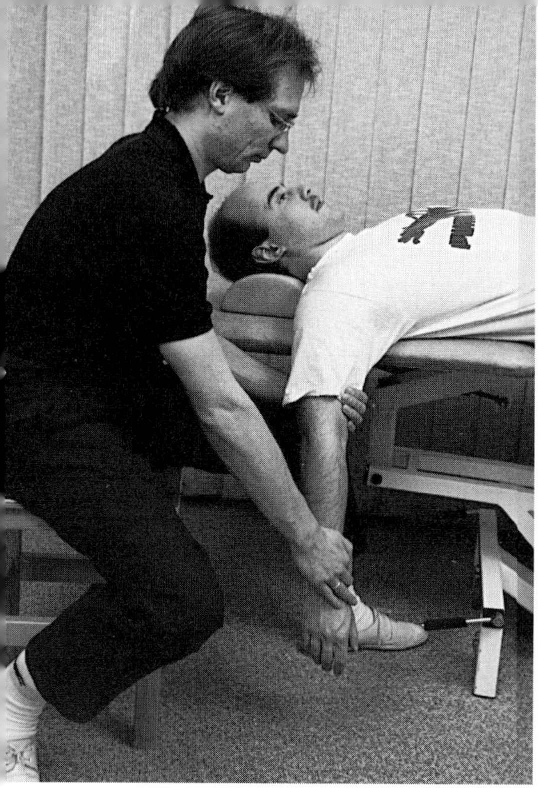

14△ 15▽

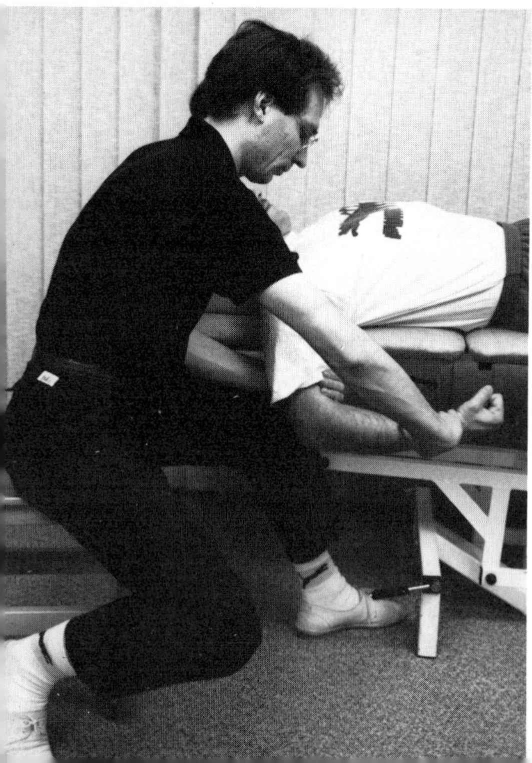

Abb. 14 und 15

Diese Modifikation des Musters Schulterflexion-Adduktion-Aussenrotation (siehe Abb. 8, 9) übt den M. biceps brachii in seiner Funktion als Ellenbogenflexor und Supinator bei gleichzeitiger Dehnung des proximalen Anteils. Das Schultergelenk wird in Extension und Rotationsmittelstellung mit leichter Adduktionskomponente statisch fixiert, die Ellenbogenflexion und Supination dynamisch geübt.

Abb. 16 und 17

Das Pattern Schulterextension-Abduktion (siehe Abb. 10, 11) bietet, in Seitenlage ausgeführt, die Möglichkeit, den M. deltoideus in seinen verschiedenen Anteilen kon- und exzentrisch zu trainieren. Das Pattern wird mit Hilfe der Technik »rhythmische Initiierung« automatisiert, so daß der Patient, wie hier im Photobeispiel das Muster eigenständig mit Zusatzgewicht trainieren kann.

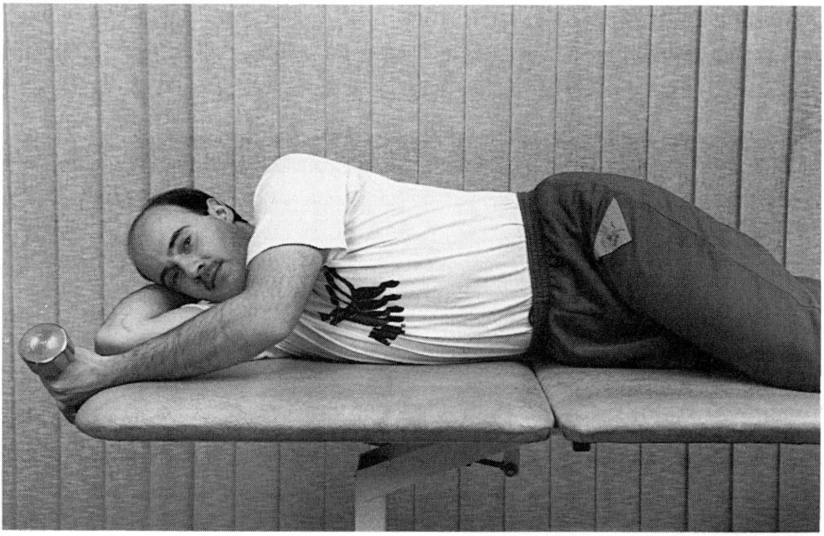

16 △

17 ▷

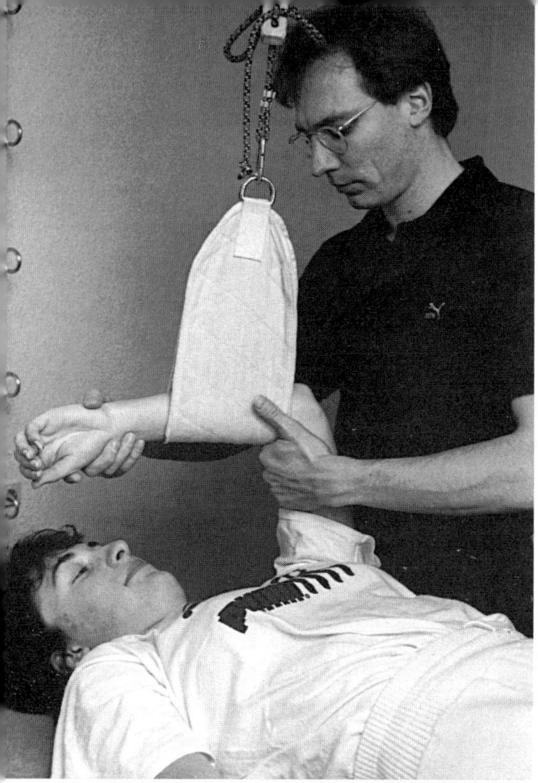

18 △

19 ▽

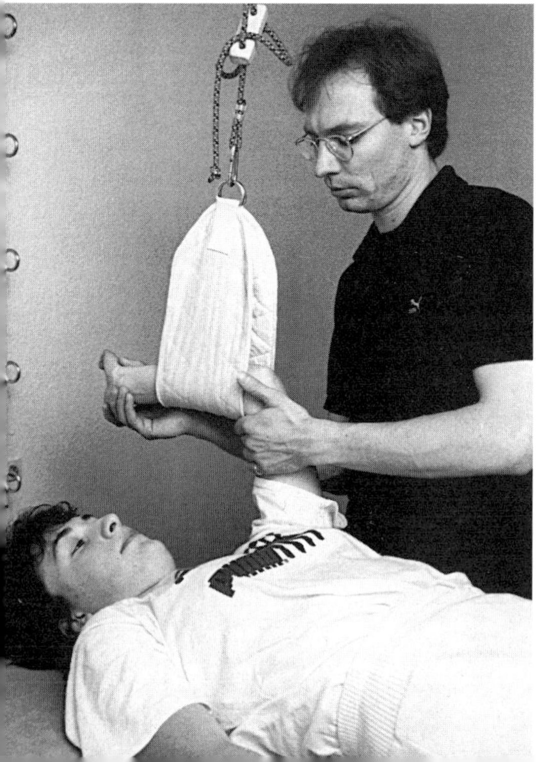

Abb. 18 und 19

In Kombination mit einer Armaufhängung im Schlingentisch ist das Schulterpattern Flexion-Abduktion-Außenrotation eine Möglichkeit, in Entlastung das Schultergelenk zu mobilisieren. Diese Variante empfiehlt sich besonders in der Behandlung von übungsstabilen Oberarmfrakturen und schmerzhaften Schulter-Armsyndromen.

Rumpfpattern (Abb. 20 bis 40)

Abb. 20 und 21

Klassische Ausführung des Bekkenpatterns »anteriore Elevation«. Auf dieser Abbildung gibt die linke Hand des Therapeuten den (Führungs-) Widerstand in der geforderten Diagonalen. Während der Bewegungsausführung (Abb. 21) fixiert der rechte Unterarm des Behandlers den Oberkörper der Patientin, damit keine ungewollten weiterlaufenden Bewegungen in der Brustwirbelsäule die korrekte Ausführung des Patterns behindern.

Wichtige Agonisten

○○○ Bauchmuskulatur (bes. schrägverlaufende Anteile)
○○ M. quadratus lumborum

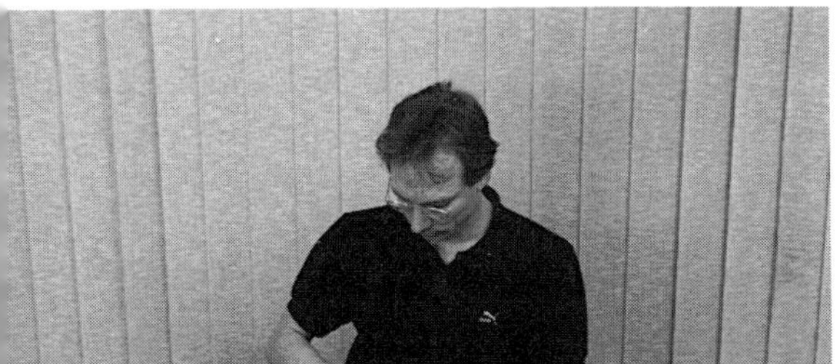

20△

21▷

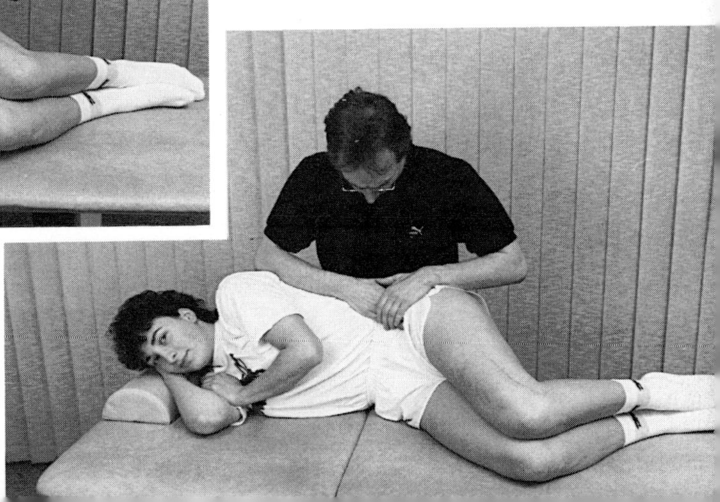

Abb. 22 und 23

Bei dieser Modifikation des Beckenmusters »posteriore Elevation« wird auf die Komponente der Lateralflexion des Beckens im Verhältnis zur Wirbelsäule verzichtet, die durch einseitige Arbeit des M. quadratus lumborum provoziert wird. Die auf dieser Abbildung gezeigte Variante stimuliert bei entspannter Bein- und Schultergürtelmuskulatur speziell den M. iliocostalis lumborum. Die koordinative Beherrschung der Becken-LWS-Region ist die wesentliche Voraussetzung für funktionelle Übungen zur Verbesserung der Kraftqualitäten der Rumpfmuskulatur.

Wichtige Agonisten

○○○ M. erector trunci (bes. lumbaler Anteil)

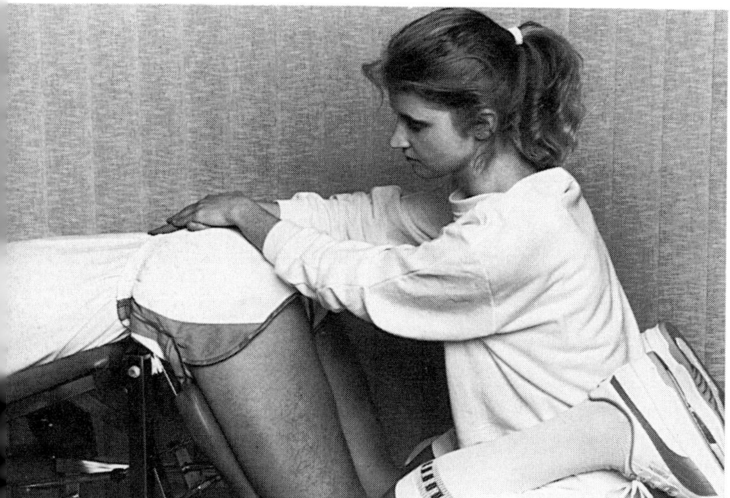

22 △

23 ▷

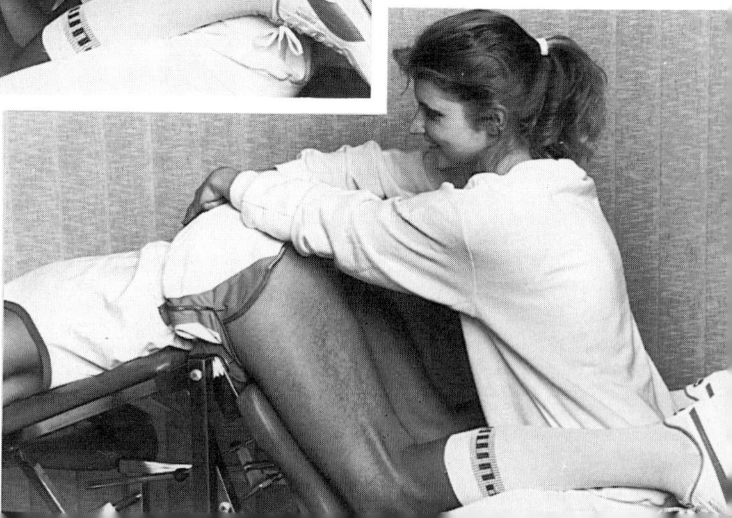

Abb. 24 und 25

Bei der Durchführung des Schulterblattmusters »posteriore Depression« im Sitz wird die weiterlaufende Bewegung im Sinne einer WS-Extension mit leichter Rotationskomponente zugelassen. Die Dreidimensionalität dieses Rumpfpatterns wird durch reziproke Muskelarbeit sichergestellt. Die Schulterblattadduktoren des linken Schulterblattes, unterstützt durch die Rückenstrecker und die rotatorisch wirkenden Muskeln des medialen, tiefen Anteils des M. erector trunci, kontrahieren dynamisch. Die ventrale Rumpfmuskelschlinge (M. pectoralis, Bauchmuskulatur) sichert durch statische Kontraktion die Stabilität der rechten Rumpfseite des Patienten.

Wichtige Agonisten

- ○○○ M. trapezius pars ascendens links
- ○○ Mm. rhomboidei links
- ○○ M. erector trunci (dynamisch)
- ○○ M. pectoralis major rechts, Rumpfflexoren (statisch)

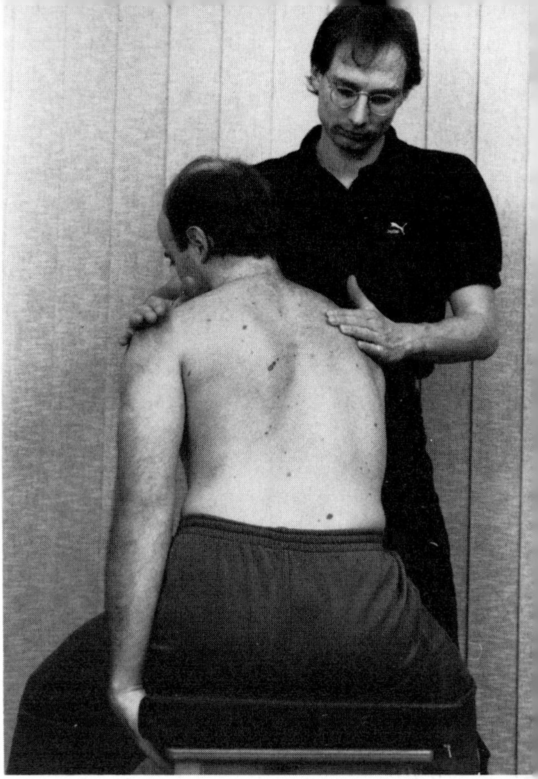

24 △ 25 ▽

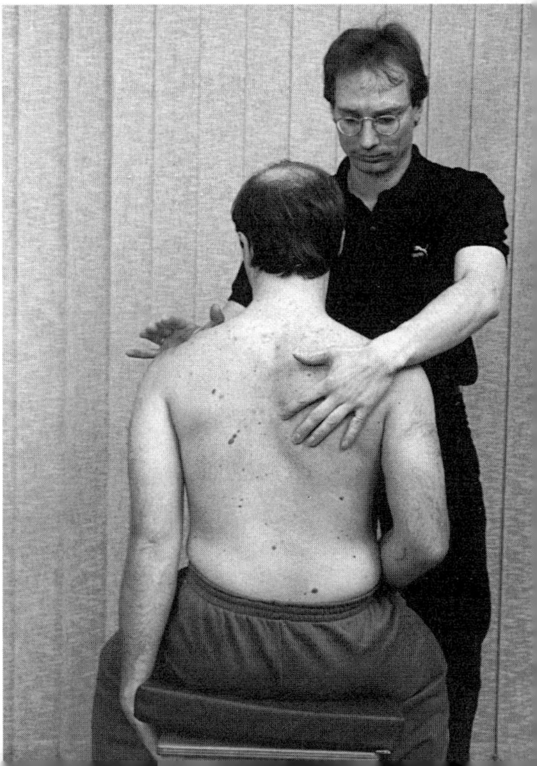

Abb. 26 und 27

Bei diesem Muster wird die Rumpfmuskulatur über das Armpattern Extension-Abduktion in die Ellenbogenflexion aktiviert. Die Automatisation des komplexen Bewegungsablaufes erfolgt, wie auf den Abbildungen über die rhythmische Initiierung, so daß im späteren Verlauf die Übung eigenständig am (Rollen-) Zugapparat durchgeführt werden kann.

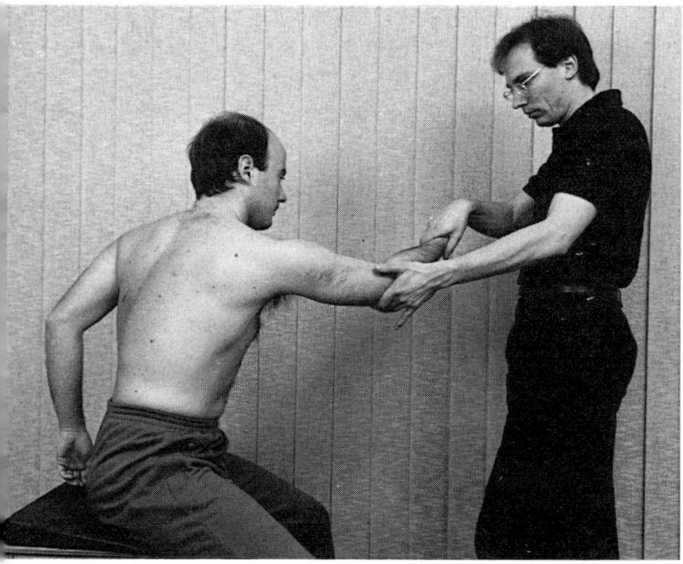

26 △

27 ▷

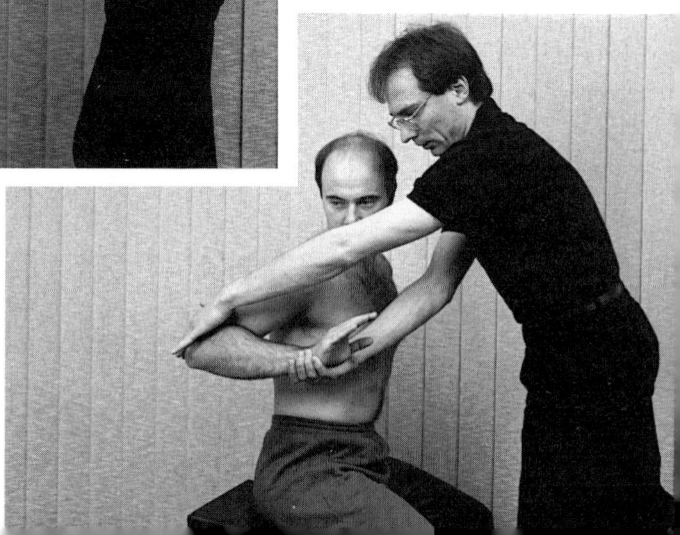

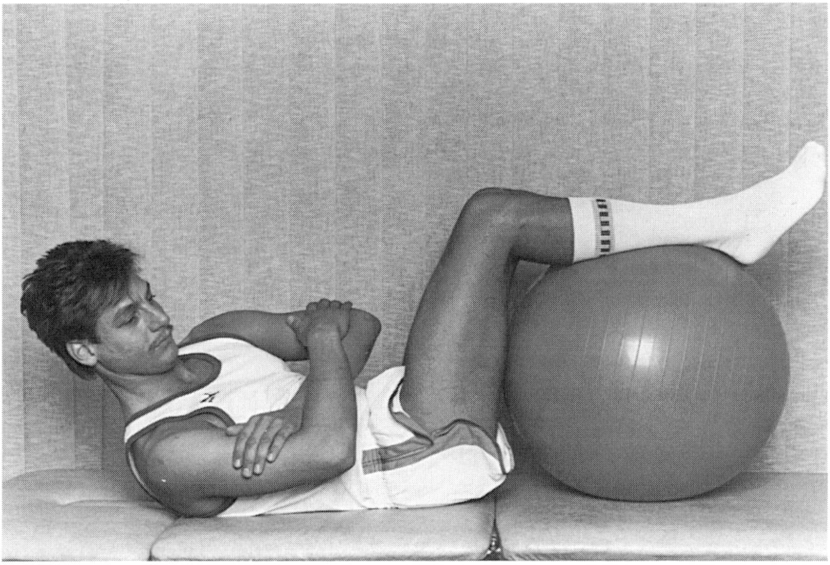

28

Abb. 28

Diese Modifikation der Bauchmuskelübung »Crunchers« ist ein dreidimensionales Rumpfpattern. Durch die Rumpfflexion mit Rotation werden die geraden und schrägverlaufenden Anteile der Bauchmuskulatur geübt. Die freie, nicht fixierte Lagerung beider Beine auf dem labilen Therapieball hemmt die synergistische Mithilfe der Hüftflexoren.

Wichtige Agonisten

○○○ Rumpfflexoren

Abb. 29 und 30

Die Kombination von Schulterblatt- und Beckenmustern bietet sich in der Behandlung von Wirbelsäulenpatienten an. Unser Beispiel zeigt die statische Stabilisation der unteren WS über das Beckenpattern »anteriore Elevation«. Das dynamisch ausgeführte Schulterblattmuster »posteriore Depression« aktiviert die Schulterblattadduktoren und die Rückenstrecker. Beispielsweise in der Frühphase nach Bandscheibenoperationen im LWS-Bereich ist diese Übungskombination angezeigt, wenn bei aktiver, statischer Stabilisation des Operationsbereiches dennoch eine dynamische Koordinationsschulung der Schultergürtel- und BWS-Muskulatur angestrebt wird.

Wichtige Agonisten

- ○○○ M. trapezius pars ascendens links (dynamisch)
- ○○○ Mm. rhomboidei links (dynamisch)
- ○○○ Rumpfflexoren (statisch)
- ○○ M. erector trunci/M. iliocostalis thoracis, M. longissimus thoracis (dynamisch) M. quadratus lumborum links (statisch)

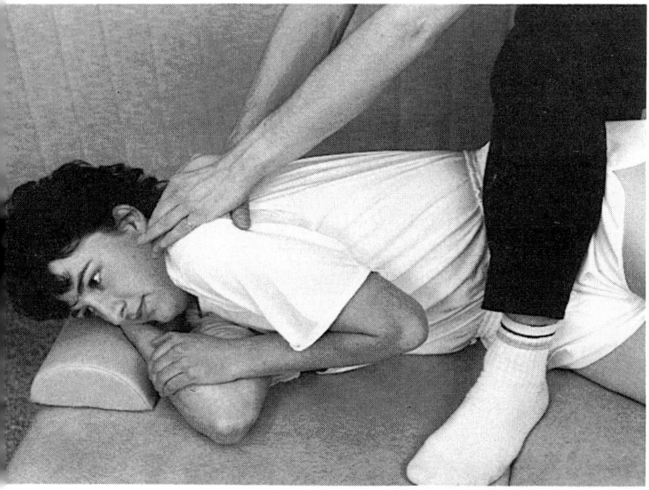

29 △

30 ▷

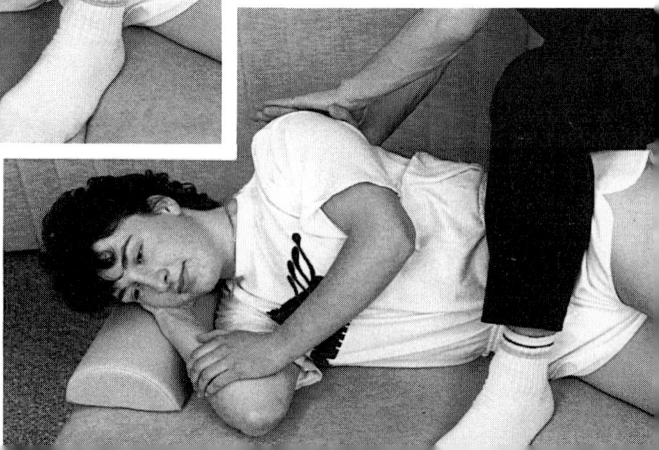

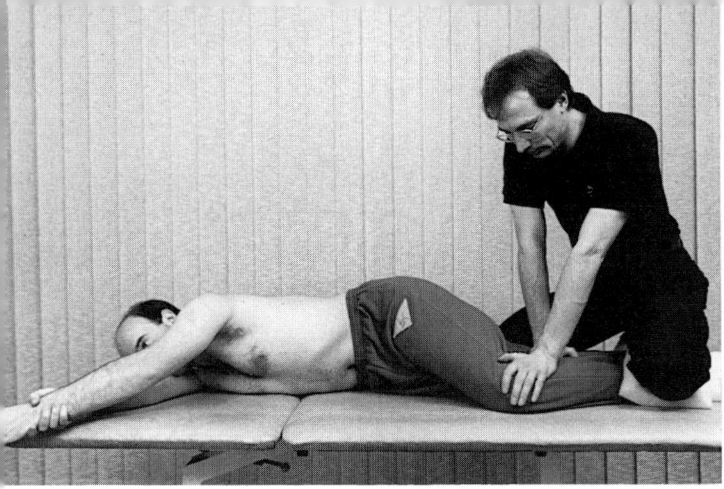

31 △ 32 ▷

Abb. 31 und 32

Das Chopping-Pattern aus der stabilen Seitenlage mit Partnerfixation ausgeführt ist eine anspruchsvolle Übung, die nur in der fortgeschrittenen Krankengymnastik mit Patienten mit guter Koordination und bei Schmerzfreiheit durchgeführt wird (z. B. bei Patienten mit koordinations- und muskelbedingten Haltungsfehlern). Diese Variante des Chopping-Patterns bietet die optimale Stimulation der schrägverlaufenden Bauchmuskulatur.

Wichtige Agonisten

○○○	schräge Bauchmuskulatur links
○○○	M. quadratus lumborum links
○○	M. psoas major links
○	Hüftadduktoren (unteres Bein)
○	M. erector trunci links

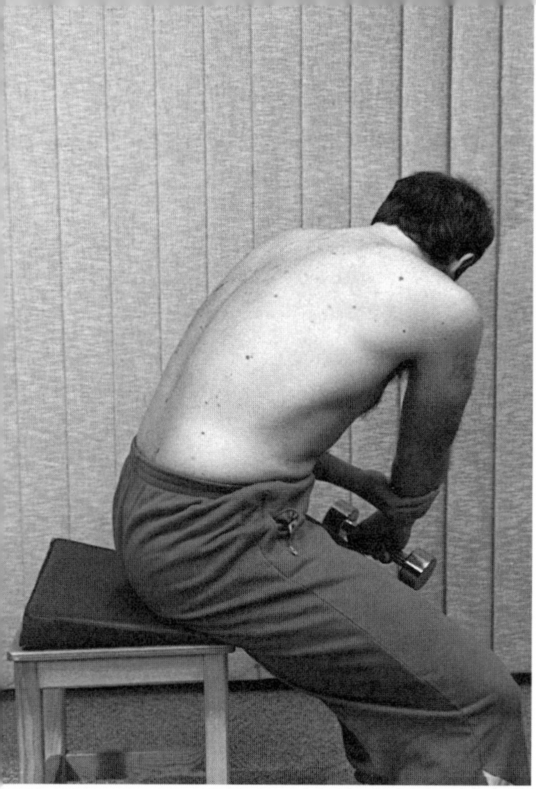

33 △ 34 ▽

Abb. 33 und 34

Das Lifting-Pattern, im Sitz ausgeführt, bringt eine Stimulation der Rumpfextensoren mit Rumpfrotationskomponente. Dieses Muster läßt sich vom Patienten gut im Rahmen des Eigentrainings in Kombination mit Hanteln oder Zugapparaten einsetzen.

Wichtige Agonisten

○○○ Rumpfextensoren und -rotatoren
○○○ Schulterflexoren

Abb. 35 und 36

Im Sitz wird das unilateral ausgeführte Armpattern Flexion-Abduktion-Außenrotation zu einem wertvollen Rumpfmuster. Der lange Lastarm (gestreckter Arm evtl. mit Zusatzgewicht) fordert eine optimale statische Stabilisation der Wirbelsäule in Extension und des Schultergürtels.

Wichtige Agonisten

○○○ Rumpfextensoren (statisch)
○○ Schulterflexoren (dynamisch)
○○ interskapuläre Muskulatur
○ Rumpfflexoren (statisch)

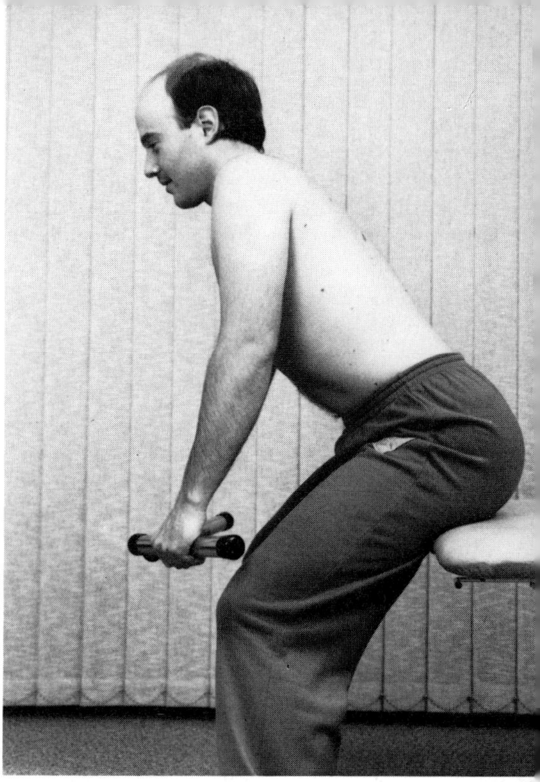

35 △ **36** ▽

37 △

38 ▽

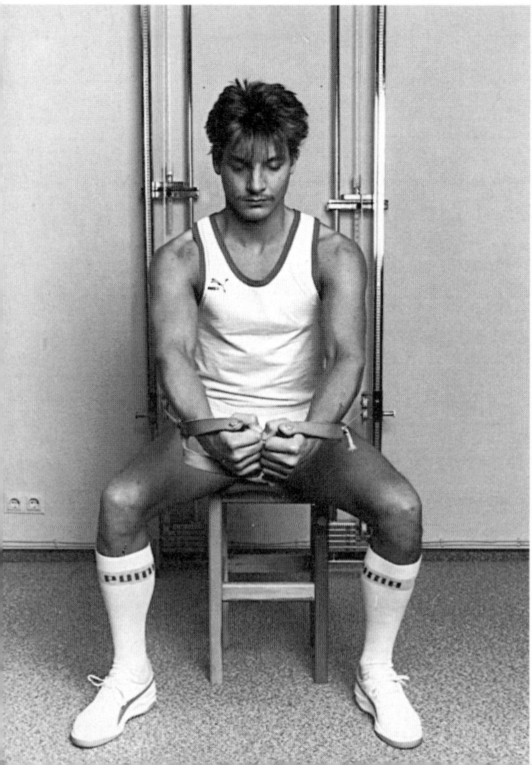

Abb. 37 und 38

Der »Ventral-Pull« ist eine symmetrische bilaterale Armbewegung nach ventral, wobei vor allem die ventrale Muskelschlinge – Volarflexoren – M. biceps brachii – M. pectoralis – Bauchmuskulatur – aktiviert wird. Eine ausreichende Stabilisation des Beckens und der unteren LWS ist über die Beinmuskulatur notwendig. Übungen am Zugapparat werden in der Regel in der Vertikalen ausgeführt, wobei auf die physiologische Extensionsstellung der Wirbelsäule in Ventralneigung des Rumpfes geachtet werden muß, damit es zu der geforderten statischen Ko-Kontraktion der Rückenstrecker im lumbalen Bereich kommt.

Wichtige Agonisten

○○○ M. pectoralis (dynamisch)
○○ M. biceps brachii (dynamisch)
○○ Rumpfflexoren (statisch)
○○ Rumpfextensoren (statisch)
○ Beinmuskulatur (statisch)

Abb. 39 und 40

Der »Dorsal-Pull« ist eine symmetrische bilaterale Armbewegung nach dorsal, wobei die dynamisch arbeitenden Arme im Armpattern Extension – Abduktion bewegt werden. Wie beim Ventral-Pull schafft auch hier die leichte Ventralneigung des Rumpfes bei gleichzeitig statisch gesicherter physiologischer Extensionsstellung der Wirbelsäule eine Ko-Kontraktion der gesamten Rumpfmuskulatur mit besonderer Akzentuierung der Rückenstrecker und interskapulären Muskulatur. Die Kombination mit dem labilen Therapieball als Sitz erreicht zusätzlich eine Stabilisationsarbeit beider Beine.

Wichtige Agonisten

- ○○○ Schulterextensoren (dynamisch)
- ○○○ Rückenextensoren (statisch)
- ○○ interskapuläre Muskulatur (dynamisch)
- ○○ M. latissimus (dynamisch)
- ○ Rumpfflexoren (statisch)
- ○ Beinmuskulatur (statisch)

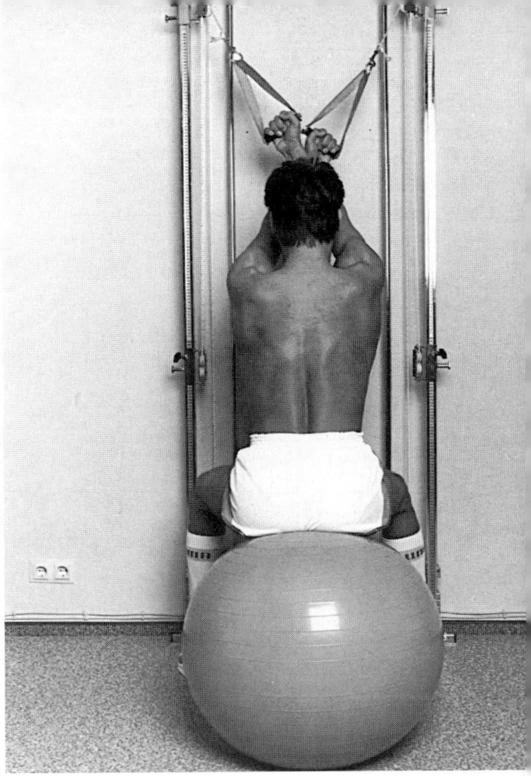

39 △ 40 ▽

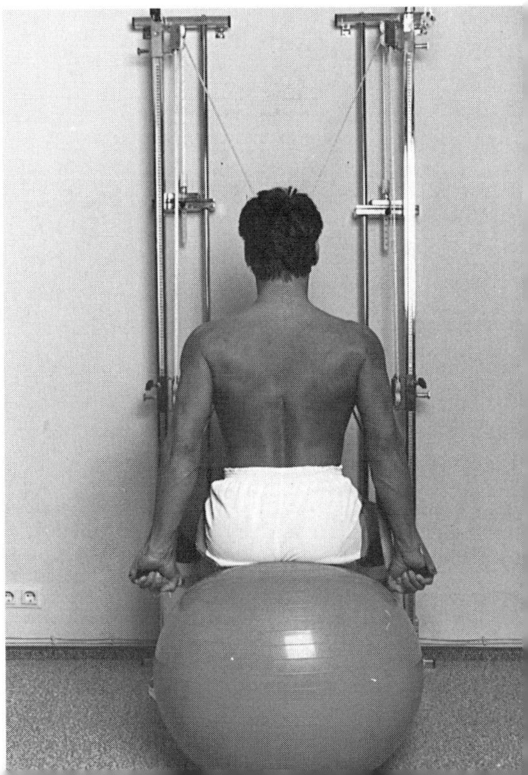

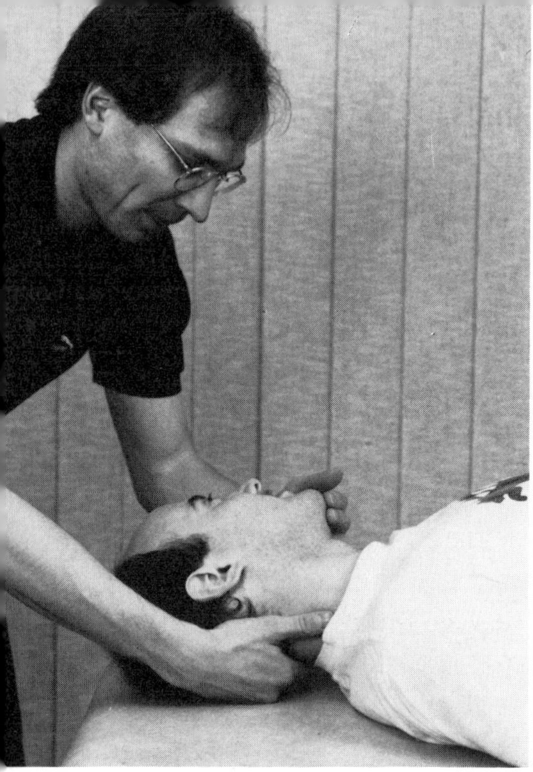

41 △ 42 ▽

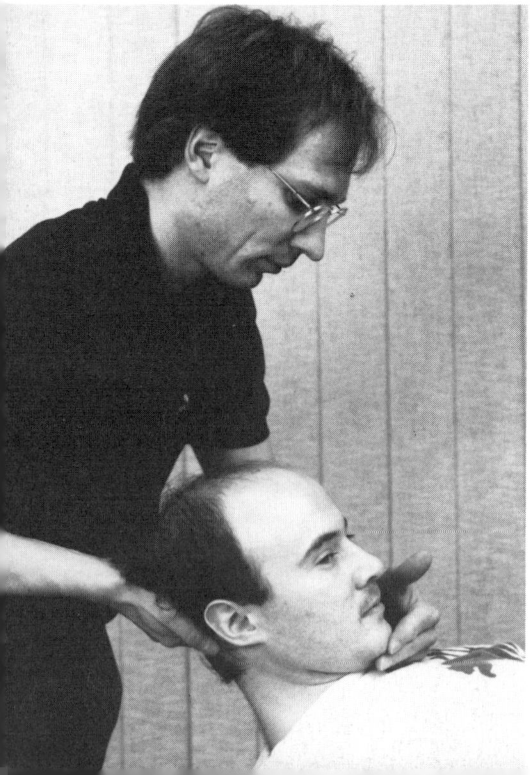

Kopfpattern (Abb. 41 bis 48)

Abb. 41 und 42

Das Kopfflexionsmuster wird aus der Rückenlage mit leichter Rotations- und Lateralflexionskomponente ausgeführt. Bedingt durch die ungünstigen Hebelverhältnisse unterstützt die Therapeutenhand am Hinterhaupt durch leichte Traktion und notfalls durch Abnahme der Eigenschwere die Bewegungsausführung. Die Therapeutenhand am Kinn gibt nur Führungswiderstand und stimuliert die Aktivität der kurzen HWS-Flexoren.

Wichtige Agonisten

○○○ HWS-Flexoren (prävertebrale Muskulatur)
○○ M. sternocleidomastoideus rechts

Abb. 43 und 44

Mit einer Gurtfixation über dem Brustkorb und maximaler Elevation der Arme wird die BWS-Flexion als weiterlaufende Bewegung bei Ausführung des Kopfflexionsmusters gehemmt. Dadurch ist spezifisches Üben der kurzen HWS-Flexoren bei gleichzeitiger Dehnung der antagonistischen HWS-Extensoren möglich.

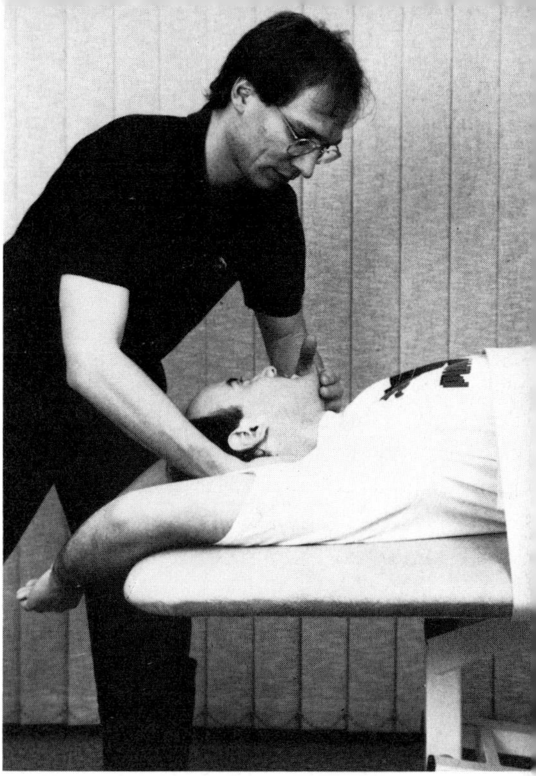

43 △

44 ▽

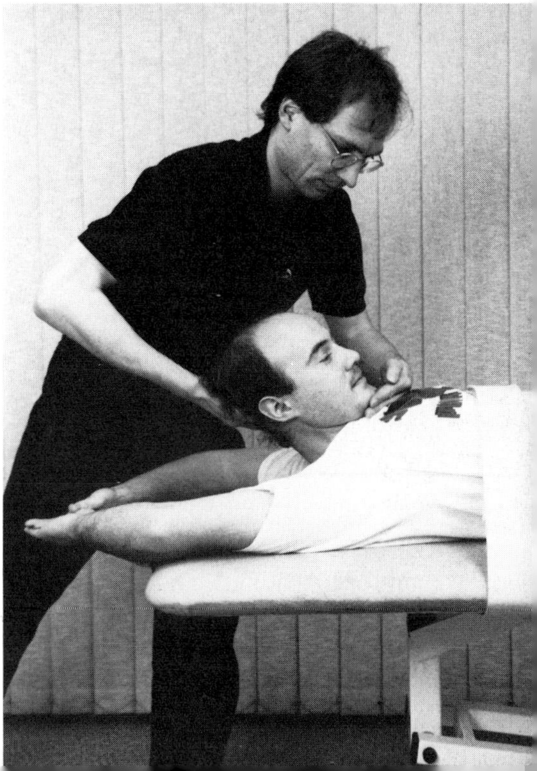

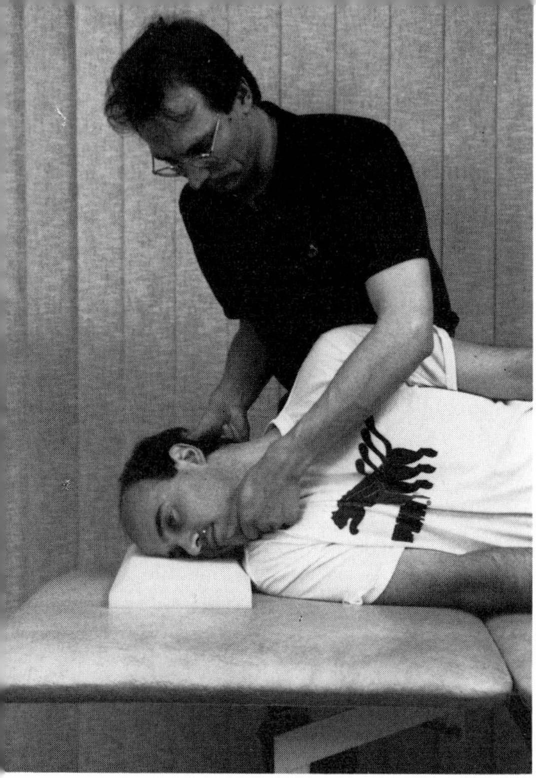

45 △ 46 ▽

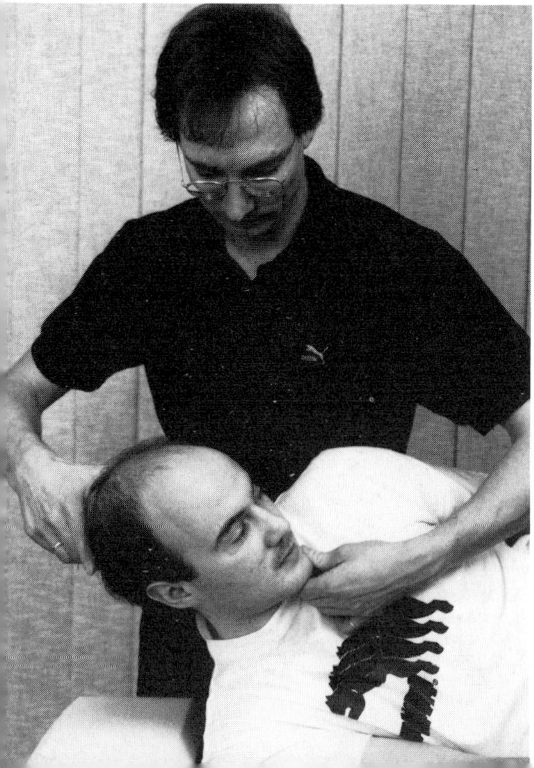

Abb. 45 und 46

Durch die Seitenlage und die dadurch veränderten Schwerkraftbedingungen werden beim Kopfflexionsmuster verstärkt die Lateralflexoren und Rotatoren der HWS geübt.
Diese Übung ist nur für fortgeschrittene Patienten und bei guter therapeutischer Führung zu empfehlen.

Abb. 47 und 48

Bei guter Koordination des Patienten ist das Kopfextensionsmuster aus der Seitenlage ein wichtiges Element zur muskulären Stabilisation der Halswirbelsäule.

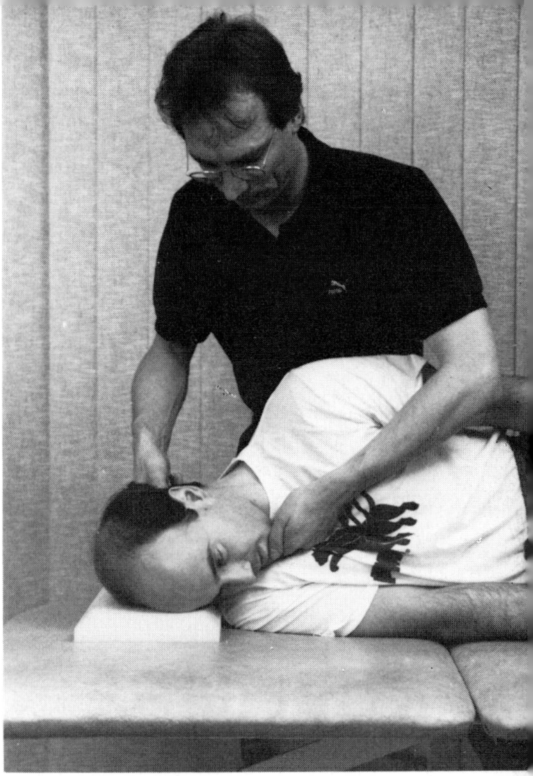

47 △

48 ▽

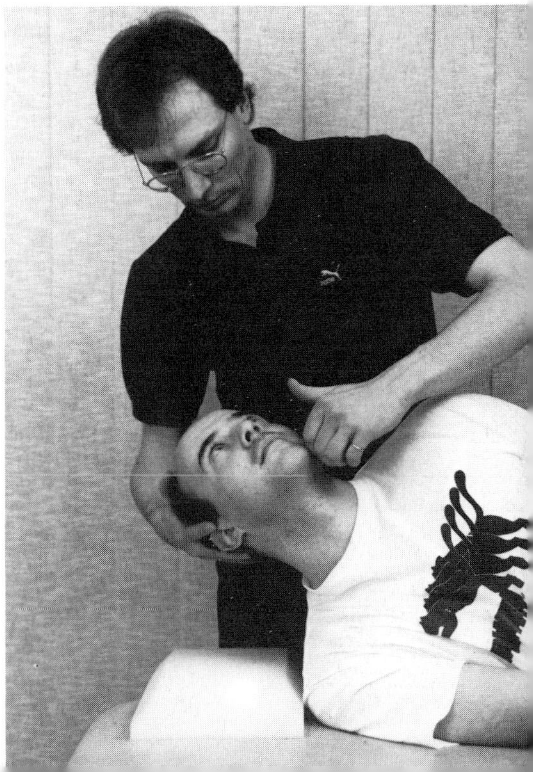

Pattern untere Extremität (Abb. 49 bis 73)

Abb. 49 und 50

Ausgangsstellung

H: Flexion – Adduktion
   – Außenrotation
K: Flexion
F: Dorsalextension

Endstellung

H: Extension – Abduktion – Innenrotation
K: Extension
F: Plantarflexion

Wichtige Agonisten

○○○ M. gluteus maximus
○ M. adductor magnus (Extensor Hüftgelenk)
○ M. quadriceps (eingelenkige Anteile)

Bemerkung

Mit zunehmender Knieextension gewinnen die ischiocruale Muskulatur (als Hüftextensoren) und die Wadenmuskulatur (als Plantarflexoren) an Bedeutung.

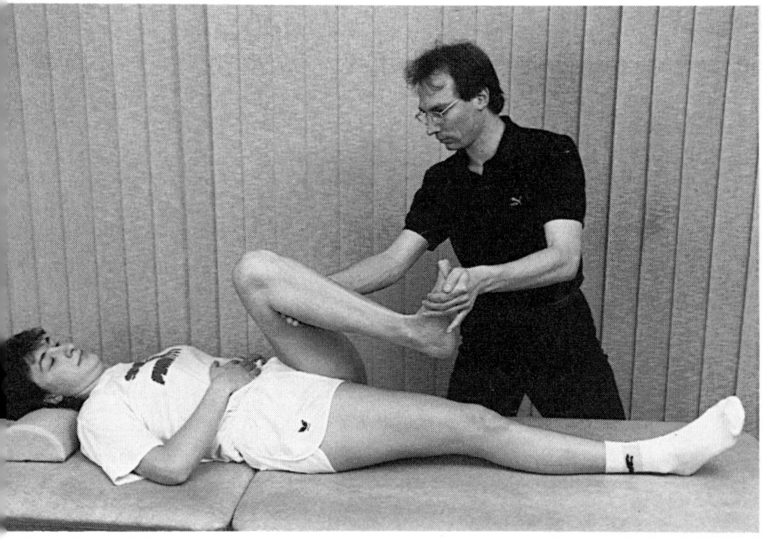

49 △

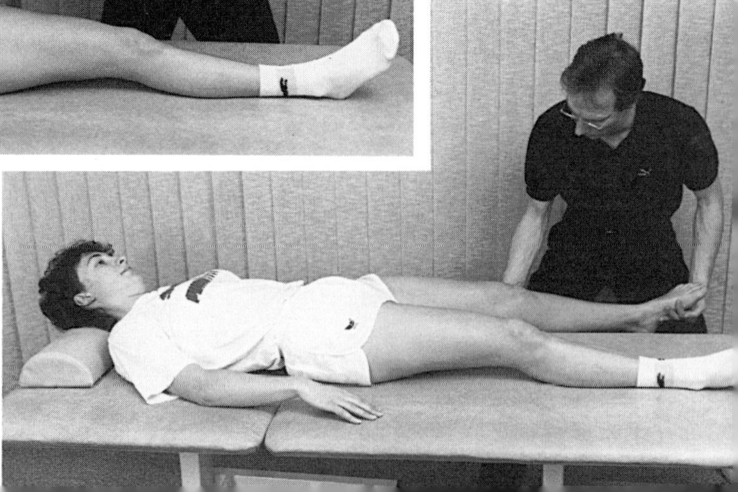

50 ▷

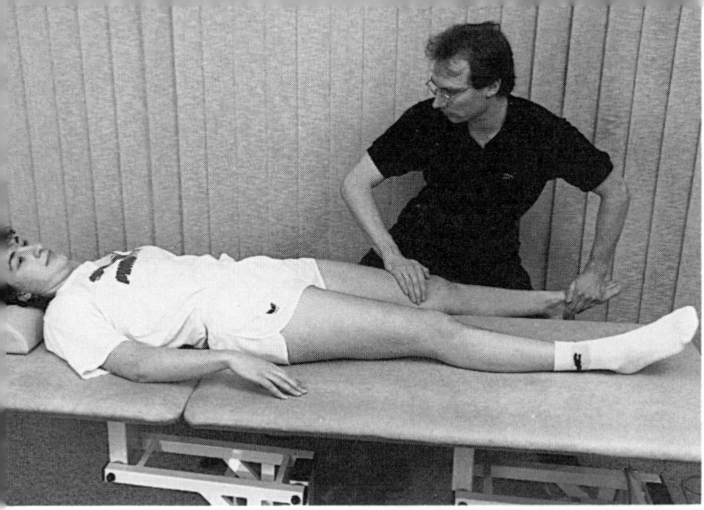

51 △

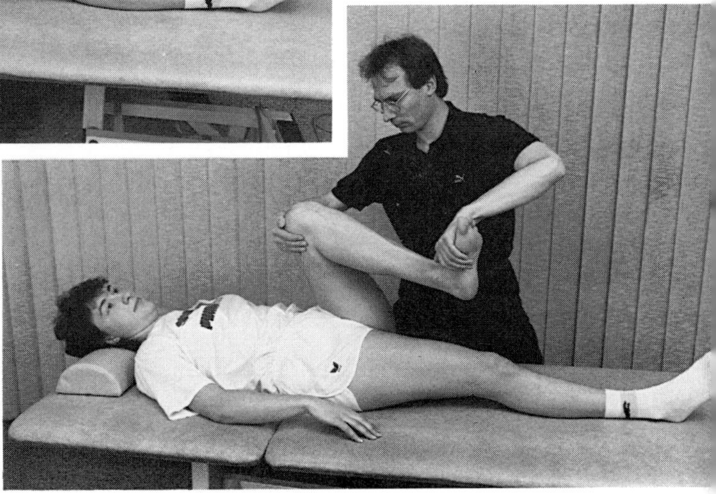

52 ▷

Abb. 51 und 52

Ausgangsstellung

H: Extension – Abduktion – Innenrotation
K: Extension
F: Plantarflexion

Endstellung

H: Flexion – Adduktion – Außenrotation
K: Flexion
F: Dorsalextension

Wichtige Agonisten

○○○ M. iliopsoas
○○○ M. quadriceps (M. rectus femoris – Flexor Hüftgelenk)
○○ Hüftadduktoren
○ Knieflexoren
○ Fuß- und Zehenextensoren

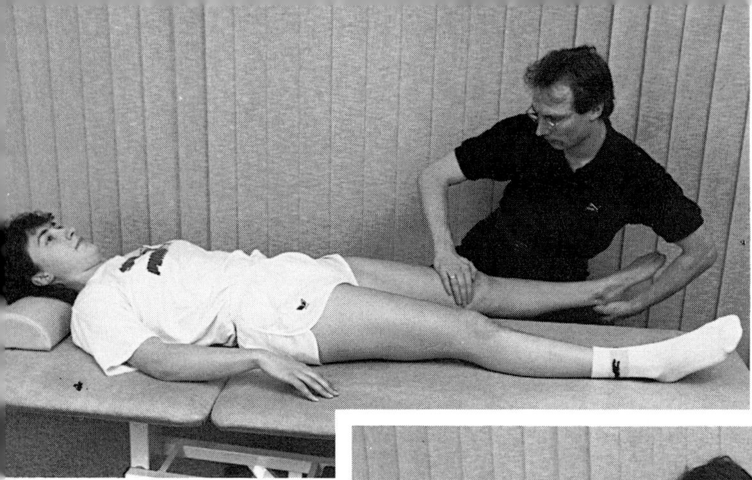

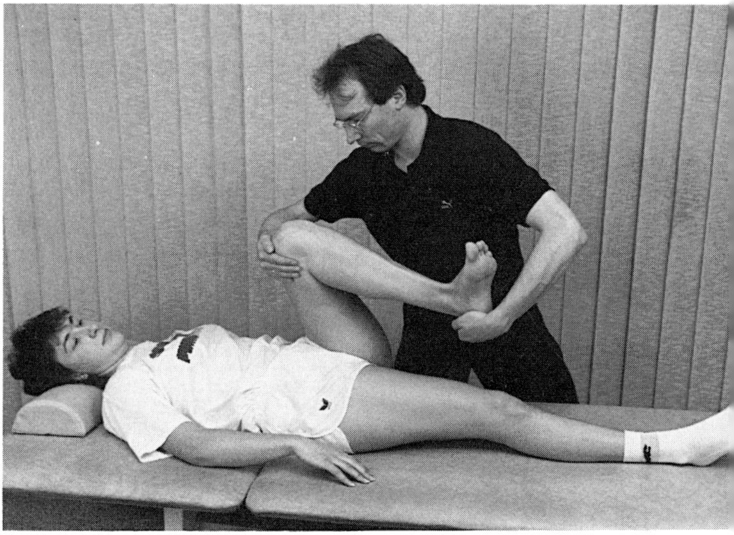

53 △ 54 ▷

Abb. 53 und 54

Durch eine Modifikation der Grifftechnik der distalen Therapeutenhand wird durch Traktion am Fersenbein eine weitaus bessere Stimulation der Knieflexoren erreicht, als durch die klassische Grifftechnik (Abb. 51 und 52), die nur durch das bogenförmig gegen die Knieflexion gesetzte »arcing« Widerstand gegen die Knieflexoren gibt.

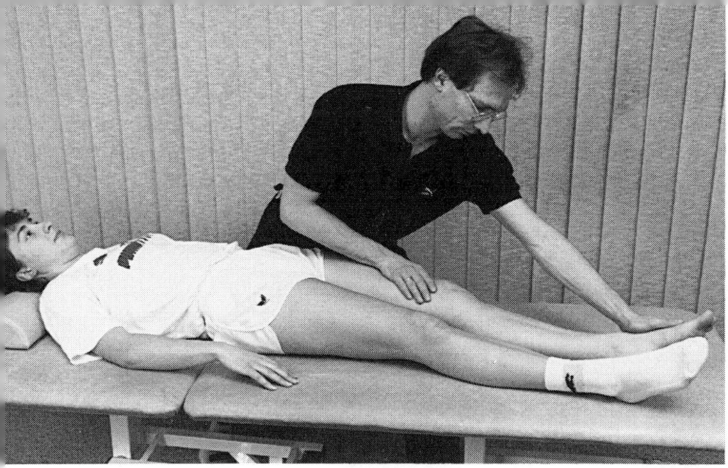

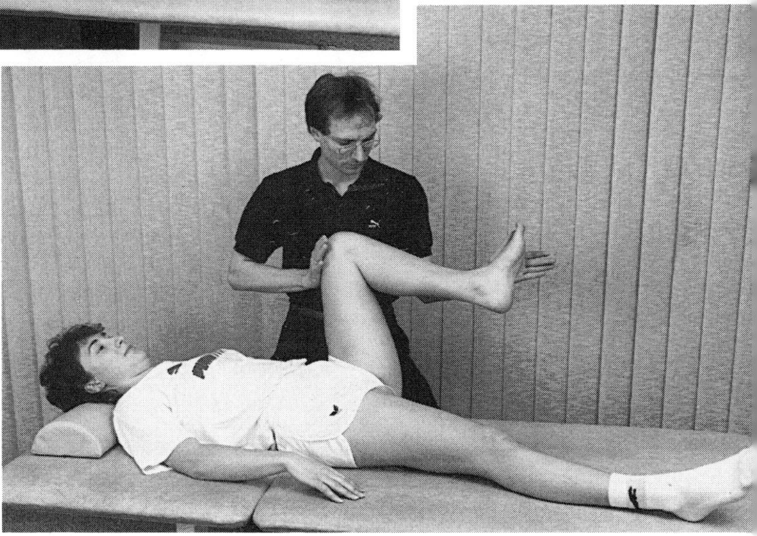

55△ 56▷

Abb. 55 und 56

Ausgangsstellung

H: Extension – Adduktion – Außenrotation

K: Extension

F: Plantarflexion

Endstellung

H: Flexion – Abduktion – Innenrotation

K: Flexion

F: Dorsalextension

Wichtige Agonisten

○○○ M. quadriceps (M. rectus femoris – Flexor Hüftgelenk)
○○○ M. iliopsoas
○○ M. tensor fasciae latae
○ Knieflexoren
○ Fuß- und Zehenextensoren

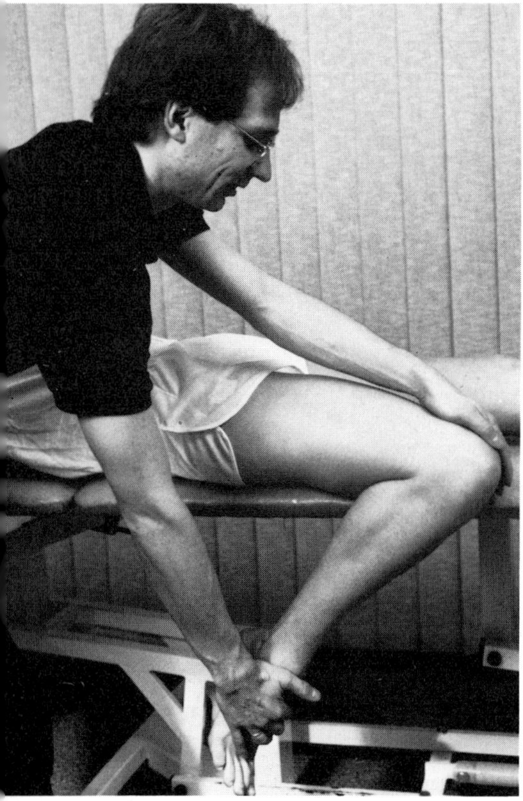

57

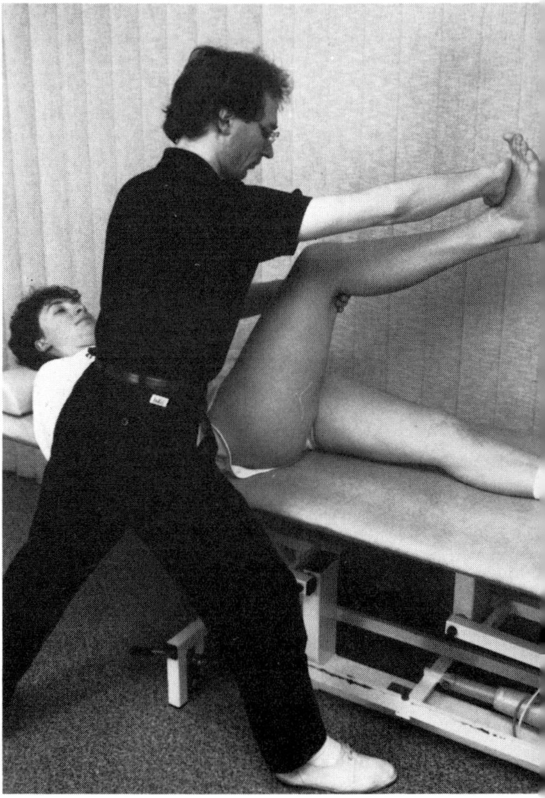

58

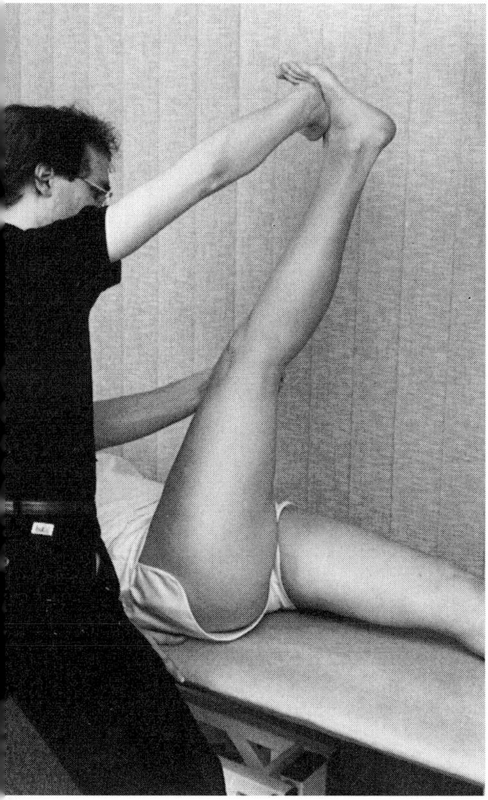

59

Abb. 57 bis 59

Ausgangsstellung

H: Extension – Abduktion – Innenrotation
K: Flexion
F: Plantarflexion

Endstellung

H: Flexion – Adduktion – Außenrotation
K: Extension
F: Dorsalextension

Wichtige Agonisten

○○○ Hüftflexoren
○○ Hüftadduktoren
○○ M. quadriceps
○ Fuß- und Zehenextensoren

Bemerkung:
Dieses vor allem für Sportler funktionell bedeutende Muster stellt hohe Anforderungen an das Timing der beiden mobilen Hebel Oberschenkel und Unterschenkel. Die Gesetze der Biomechanik und die besondere Faserstruktur der schnellkräftigen Quadrizepsmuskulatur machen in der Startphase des Musters eine verstärkte Stimulation der Hüftflexoren notwendig.

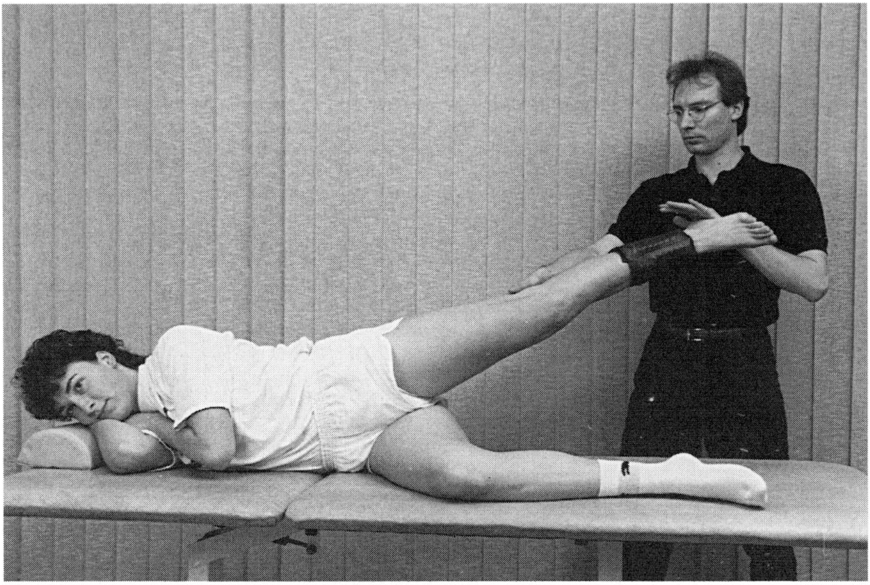

60

Abb. 60

Eines der wenigen sinnvollen Beinpattern mit extendiertem Kniegelenk ist das Extension-Abduktion-Innenrotation-Pattern aus der Seitenlage. In Kombination mit der aktiven Widerlagerung (Kaudalisierung der linken Beckenhälfte durch aktiven Fersenschub gegen die Therapeutenhand) werden vorrangig die Hüftabduktoren geübt, bei gleichzeitiger Hemmung des M. quadratus lumborum.

Wichtige Agonisten

○○○ »kleine« Glutealmuskulatur
○○ M. tensor fasciae latae
○○ M. quadratus lumborum
○○ M. gluteus maximus

Abb. 61 und 62

Das Teilpattern Knieextension – Hüftinnenrotation mit Dorsalextension im Sprunggelenk soll den lateralen Anteil des M. quadriceps stimulieren.

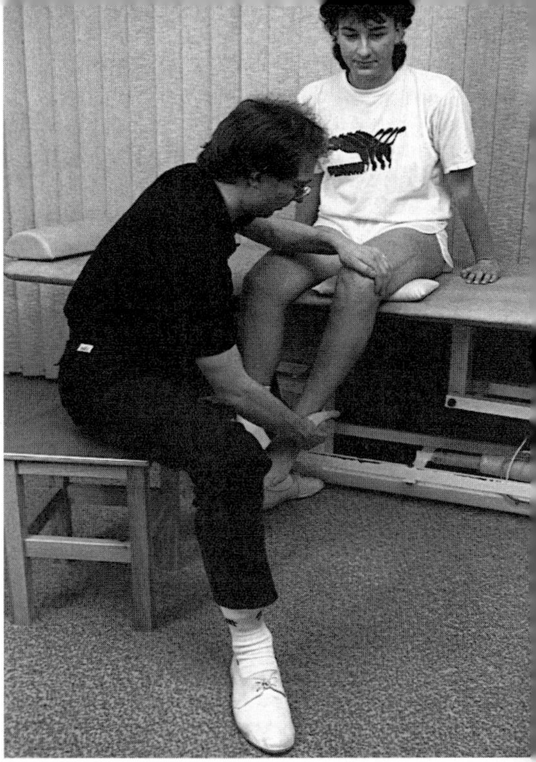

61 △ **62** ▽

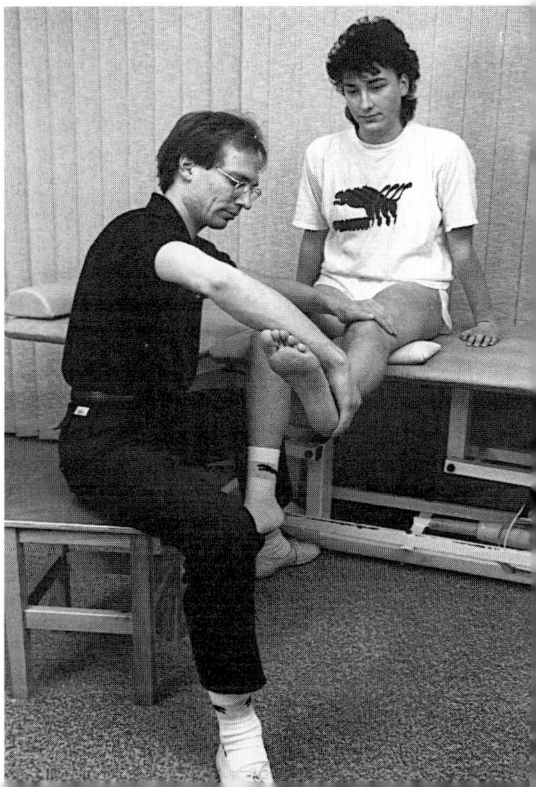

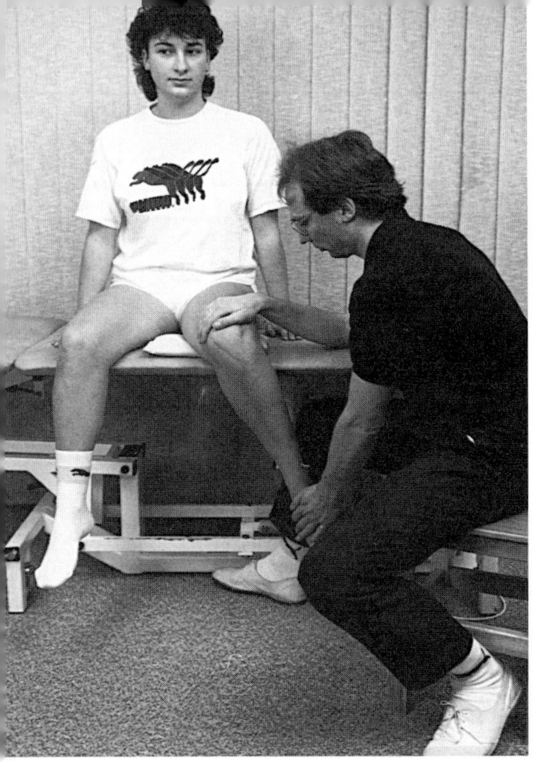

63 △ 64 ▽

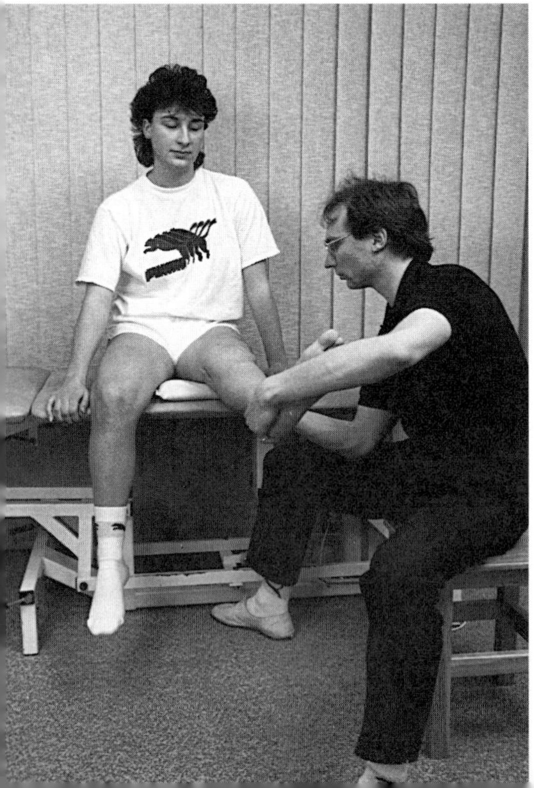

Abb. 63 und 64

Das Teilpattern Knieextension – Hüftaußenrotation mit Dorsalextension im Sprunggelenk trägt zur Stimulation des medialen Anteils des M. quadriceps bei.

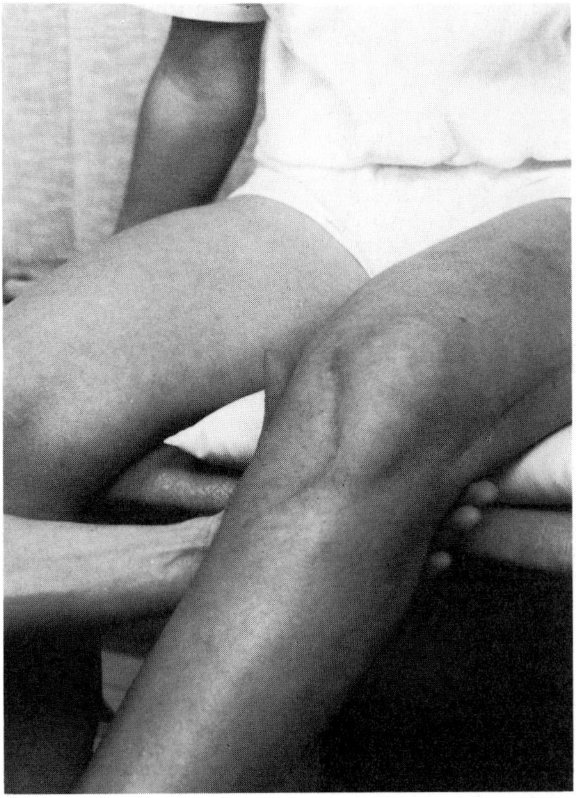

65

Abb. 65

Bei Knie-Teilpattern muß auf eine sichere Führung des rotierenden Oberschenkels bei gleichzeitiger Kontrolle des extendierenden bzw. flektierenden Unterschenkels geachtet werden. Der »Untergriff« der proximalen Therapeutenhand ist dazu eine gute Möglichkeit.

66 △ 67 ▽

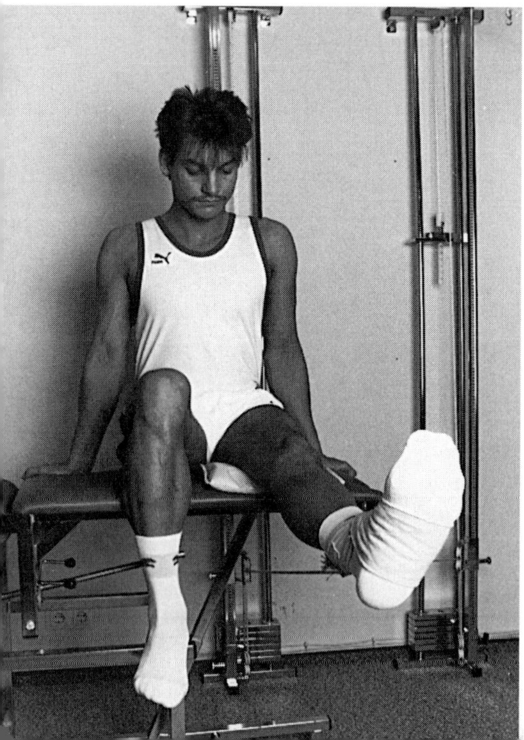

Abb. 66 und 67

Das »Vastus-medialis-Pattern«, am Zugapparat gegen Gewichte ausgeführt, ist nur bei exakter technischer Ausführung möglich. Die Grundlage für ein derartiges Eigentraining wird durch die Technik der rhythmischen Initiierung geschaffen, mit der das im Beispiel gezeigte Teilmuster automatisiert wird.

Abb. 68 und 69

Die Kombination der schwerelosen Beinaufhängung im Schlingentisch mit dem Muster Extension mit leichter Innenrotations- u. Abduktionskomponente läßt bereits in der Frühphase nach Osteosyntheseversorgung oder verschiedenen Eingriffen der operativen Orthopädie (z. B. Implantation einer Hüftendoprothese) belastungsarmes Üben zu, wobei die exakte Aufhängung und kontrollierte Bewegungsausführung Bedingung sind.

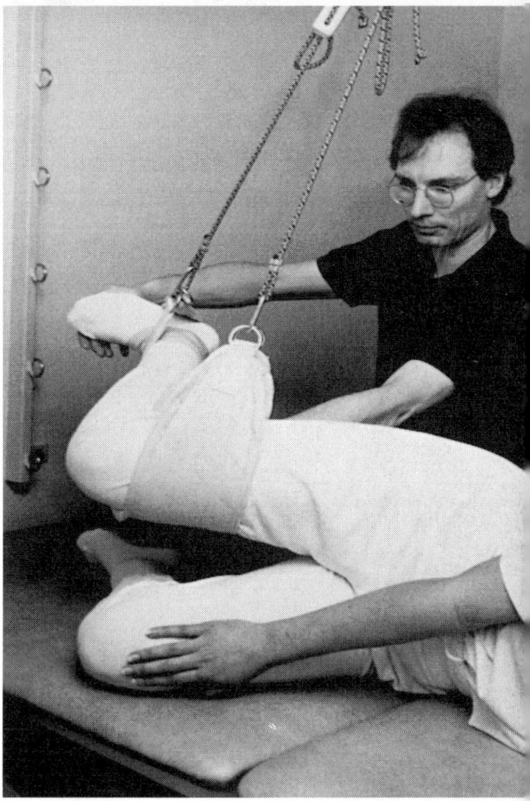

68 △ 69 ▽

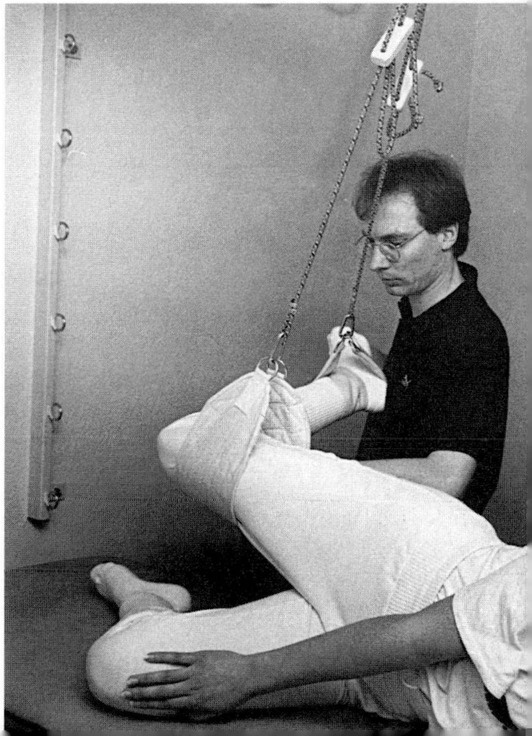

70

71

Abb. 70 bis 73

Die Beinmuster Flexion – Adduktion – Außenrotation (Abb. 70, 71) bzw. Flexion – Abduktion – Innenrotation (Abb. 72, 73) tragen, im Stand ausgeführt, zur Stabilisation des Standbeines bei. Das PNF-Muster kann bei guter Koordination auch gegen einen Gummizug oder mit Gewichtsmanschette ausgeübt werden.

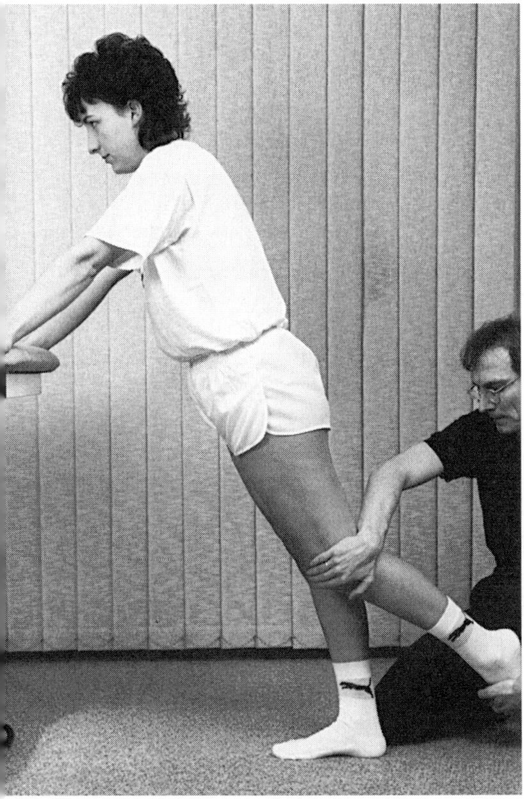

72

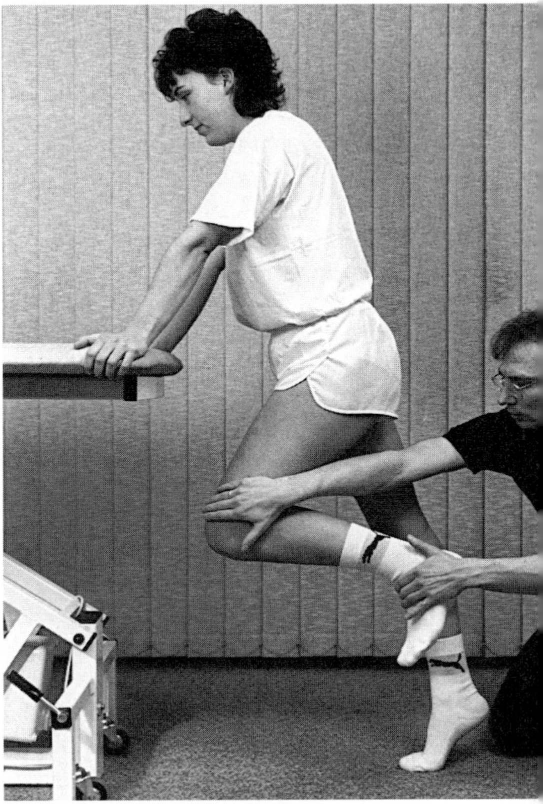

73

Modifizierte Anwendung von PNF-Mustern bei verschiedenen Verletzungen

Abb. 74 und 75

Übungsstabile Kapsel-Bandverletzung am Kniegelenk mit Einschränkung der Flexion.
Grifftechnik für PNF-Muster EXT/ABD/IR mit Knieextension.
Die Eigenschwere des Beines wird abgenommen, beide Therapeutenhände sichern das Kniegelenk vor unerwünschten Rotationsbewegungen.

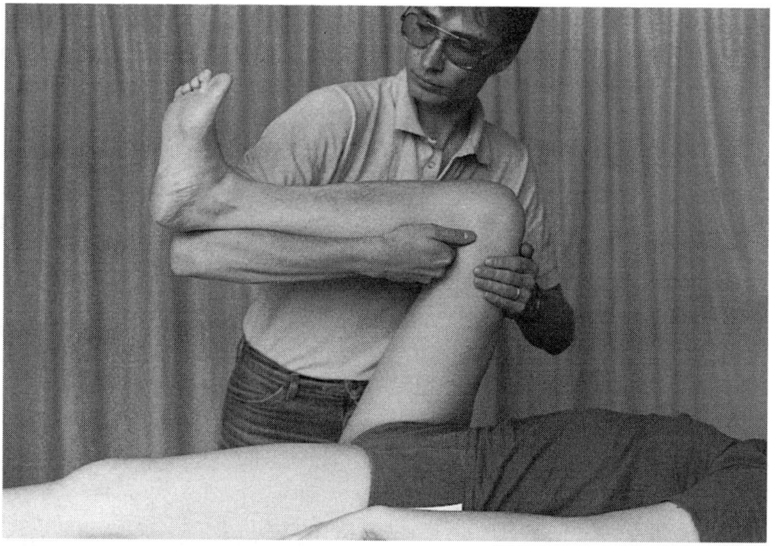

74 △

75 ▽

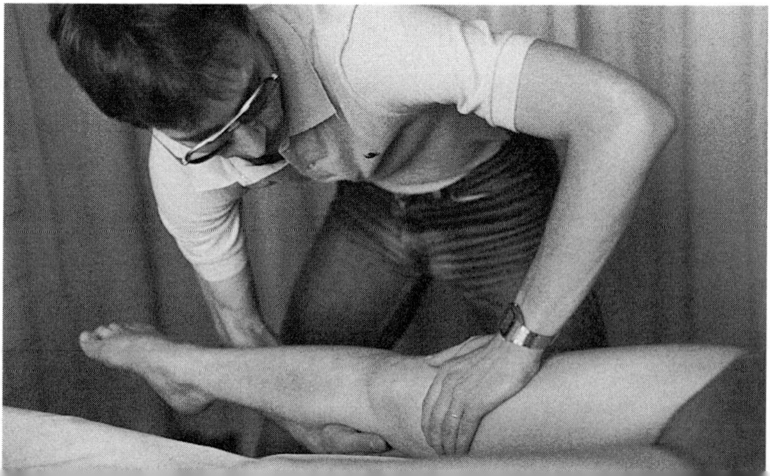

Abb. 76 und 77

Übungsstabile suprakondyläre Femurfraktur.
Grifftechnik für das PNF-Muster FLEX/ADD/AR mit Knieextension.

76 △ 77 ▽

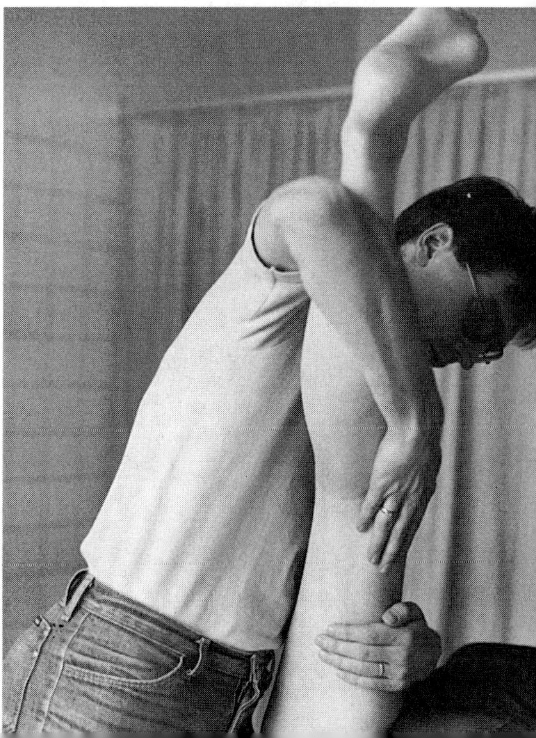

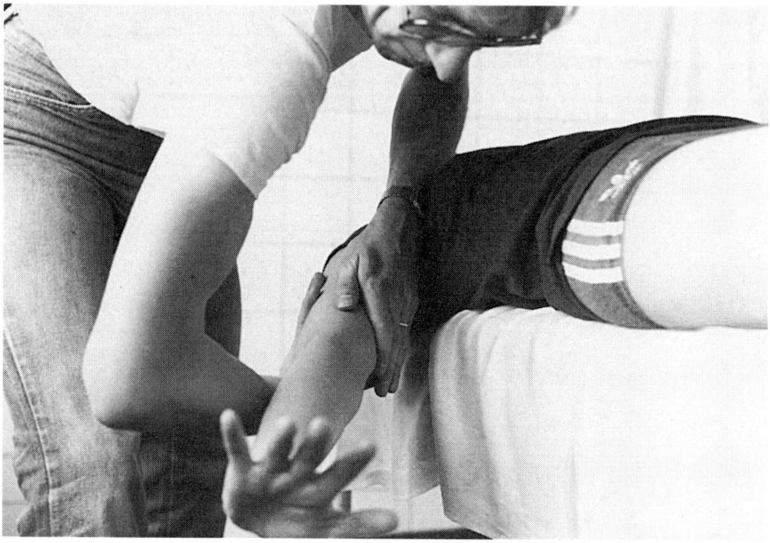

78

Abb. 78 und 79

Übungsstabile Unterarmschaftfraktur.
Grifftechnik für das PNF-Muster FLEX/ADD/AR.

79

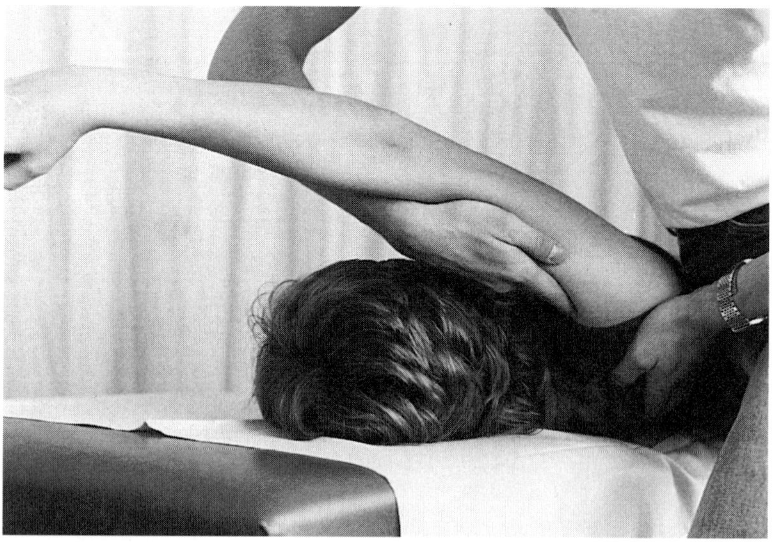

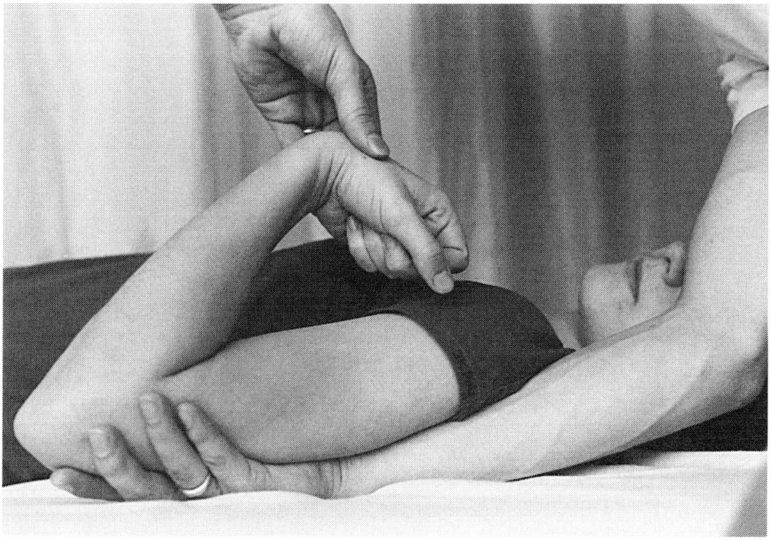

80

Abb. 80 und 81

Belastungsstabile Kapsel-Bandverletzung am Ellenbogengelenk.
Grifftechnik bei unvollständigem Extensionsmuster mit der Betonung der Ellenbogenextension, der Pronation und der Dorsalextension.

81

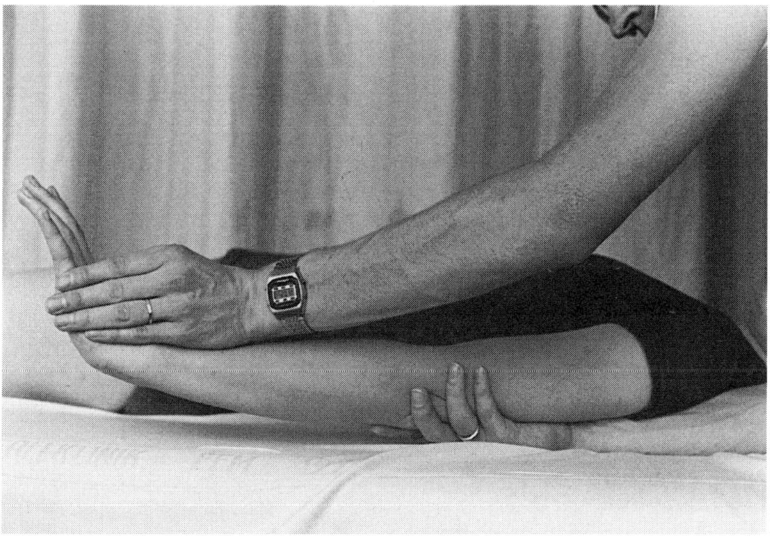

Literaturverzeichnis

1. Einsingbach, Th., Klümper, A., Biedermann, L.: Sportphysiotherapie und Rehabilitation. Thieme, Stuttgart 1988.
2. Hollmann, W., Hettinger, T.: Sportmedizin – Arbeits- und Trainingsgrundlagen. Schattauer, Stuttgart 1980.
3. Knebel, K. P.: Funktionsgymnastik. Rowohlt, Reinbeck 1985.
4. Letzelter, H. u. M.: Krafttraining. Rowohlt, Reinbeck 1986.
5. Sullivan, P. et al.: An Integrated Approach to Therapeutic Exercise. Reston Publ. Company, Reston 1982.
6. Voss, D. E. et al. PNF – Propriozeptive Neuromuskuläre Fazilitation. Fischer, Stuttgart 1988 4. Auflage.
7. Weineck, J.: Optimales Training. Perimed, Erlangen 1985.